北京市一流专业建设系列成果

我国商业银行资本结构调整研究

——基于银行资本补充能力的视角

廉永辉◎著

中国财经出版传媒集团

经济科学出版社
Economic Science Press

图书在版编目（CIP）数据

我国商业银行资本结构调整研究：基于银行资本补充能力的视角/廉永辉著．—北京：经济科学出版社，2019.10
ISBN 978-7-5218-1023-3

Ⅰ.①我… Ⅱ.①廉… Ⅲ.①商业银行-资本结构-结构调整-研究-中国 Ⅳ.①F832.33

中国版本图书馆CIP数据核字（2019）第221262号

责任编辑：申先菊　赵　悦
责任校对：齐　杰
版式设计：齐　杰
责任印制：邱　天

我国商业银行资本结构调整研究
——基于银行资本补充能力的视角
廉永辉　著
经济科学出版社出版、发行　新华书店经销
社址：北京市海淀区阜成路甲28号　邮编：100142
总编部电话：010-88191217　发行部电话：010-88191522
网址：www.esp.com.cn
电子邮件：esp@esp.com.cn
天猫网店：经济科学出版社旗舰店
网址：http://jjkxcbs.tmall.com
固安华明印业有限公司印装
710×1000　16开　11.5印张　170000字
2019年10月第1版　2019年10月第1次印刷
ISBN 978-7-5218-1023-3　定价：89.00元
（图书出现印装问题，本社负责调换。电话：010-88191510）

总序

波澜壮阔的改革开放改变了中国，也影响了世界。在改革开放40多年的伟大历程中，金融作为实体经济的血脉，实现了从大一统的计划金融体制到现代金融体系的“凤凰涅槃”。我国也初步建成了与国际先进标准接轨、与我国经济社会实际契合的中国特色社会主义金融发展路径。

经过40多年努力，我们不断改革完善金融服务实体经济的理论体系和实践路径：持续优化完善传统信贷市场，为服务实体企业改革发展持续注入金融活水；建立健全股票、债券等金融工具为代表的资本市场，畅通实体企业直接融资渠道，增强其可持续发展能力；推动低效产能有序退出市场、临时困难但前景良好的企业平稳渡过难关、优质企业科学稳健发展，鼎力支撑我国企业从无到有、从小到大、从弱到强，逐步从低端加工制造向高附加值迈进。

经过40多年努力，我们基本构建了以人民为中心的居民家庭金融服务模式。不仅借鉴西方现代金融实践，支持家庭部门熨平收入波动，实现跨期消费效用最大化；而且充分利用我国银行业分支机构延伸到乡镇、互联网全面覆盖到村落等良好基础设施，逐步实现基础金融服务不出村，促使我国普惠金融走在了世界前列；同时，积极构建与精准扶贫相配套的金融服务体系，发挥金融在扶贫攻坚中优化资源配置的杠杆作用，为人民实现美好生活提供金融动力。

经过40多年努力，我们探索了从国民经济循环流转大局增强金融和财政合力的有效方式。在改革开放的过程中，我们不断优化财政支持与金融服务的配套机制，运用金融工具缓解财政资金使用碎片化问题和解决财政资金跨期配置问题，增进财政政策促进经济结构调整和金融政策促进经济总量优化的协调性，持续提升国民经济宏观调控能力和水平，既避免金融抑制阻碍发展，又防止过度金融风险集聚。

2008年，美国次贷危机引发的全球金融海啸引发了人们对金融理论和金融实践的深刻反思。金融理论是否滞后于金融实践，缺乏对金融实践有效的指引？金融实践是否已过度复杂化，致使金融风险难以识别、度量和分散？随着互联网、大数据、人工智能、区块链等技术的出现，科技发展在极大提高金融业服务之效的同时，也对传统金融业带来了冲击。金融业态正在发生重大变化，金融风险出现新的特征。在新的背景下，如何处理金融改革、发展、创新与风险监管的关系，如何守住不发生系统性金融风险的底线，已经成为世界性重大课题。在以习近平同志为核心的党中央坚强领导下，我国进入中国特色社会主义新时代。在这个伟大的时代，对上述方面进行理论创新和实践探索的任务非常艰巨，使命非常光荣。为完成这一伟大历史使命，需要建设好一流金融学科和金融专业，大规模培养高素质金融人才，形成能力素质和知识结构与时代要求相匹配的金融人才队伍，加强金融学科建设和金融人才培养正当其时。

欣闻首都经济贸易大学金融学成功入选北京市一流专业，正在组织出版“北京市一流专业建设系列成果”，这在打造高素质金融人才培养基地上迈出了重要步伐，将对我国金融学科和金融专业的建设起到积极的推动作用，为促进我国金融高质量发展并建成现代金融体系做出应有贡献，为实现伟大复兴中国梦提供有益助力。

尚福林

前 言

企业资本结构的确定和调整是公司金融领域中的重要话题，但对银行资本结构的研究严重滞后于对工商企业资本结构的研究。本书考察了我国商业银行资本结构的调整问题，希望对银行资本结构领域做出一点边际贡献。本书选择以资本充足率衡量商业银行的资本结构，具体研究以下三方面问题：（1）哪些因素决定或影响了银行的目标资本充足率？（2）当实际资本充足率偏离目标时，商业银行将采取怎样的调整措施？（3）银行资本充足率在调整过程中具有怎样的周期性特征？

本书选择从资本补充能力视角考察银行资本结构的调整。选择这一视角，与我国银行业的以下特征有关：在高资本消耗型业务增长模式下，我国商业银行表现出一定程度的“资本饥渴症”。但是，不同商业银行缓解“资本饥渴”的能力存在明显差异，与规模相对较小、业务范围较为单一、经营区域受限的多数城市及农村商业银行相比，国有银行及股份制银行在利润转增资本、上市融资、获得政府注资和发行次级债融资等资本补充渠道上更具有优势。因此，本书将国有及股份制银行和城市及农村商业银行分别划为资本补充能力较强和较弱的银行。

明确了所要研究的问题并选择了合理的研究视角后，本书具体问题具体分析，针对不同问题构建了相应的理论模型，并推导出可供检验的命题，进而基于《商业银行资本管理办法（试行）》实施排名前16位的国有及股份制银行和72家城市及农村商业银行构成的年度非平衡面板数据，实证检验了资本补充能力分为强弱两组银行的资本结构的调整情况。

首先，本书通过部分调整模型估计了银行的目标资本充足率，进而测算了资本充足率缺口。在此过程中发现：（1）商业银行的目标资本充足率由一系列银行微观特征和宏观经济环境因素决定；（2）国有及股份制商业银行资本结构的调整速度快于城市及农村商业银行；（3）国有及股份制银行的资本充足率缺口比城市及农村商业银行的资本充足率缺口更为紧密地分布于零点附近。后两点发现为国有及股份制银行的资本补充能力强于城市及农村商业银行提供了有力的支持。

其次，本书考察了资本充足率缺口下两类银行的资本和风险调整行为。结果表明：（1）资本补充能力强的银行主要进行资本调整，而资本补充能力弱的银行主要进行风险调整。（2）资本调整方面，资本补充能力强的银行既可以运用股权融资工具补充核心资本，也可以通过发行次级债补充附属资本，而资本补充能力弱的银行只能通过股权融资补充核心资本。（3）风险调整方面，资本补充能力强的银行主要调整不同类型风险资产之间的比例结构，而资本补充能力弱的银行主要调整资产总量和贷款总量。

最后，本书考察了资本充足率调整与经济周期波动的耦合特征。结果发现，国有及股份制银行资本缓冲具有逆周期性，而城市商业银行资本缓冲具有顺周期性。进一步分析发现两类银行资本缓冲差异性的原因在于经济形势越好，国有及股份制银行的监管资本占总资产比重越高，而城市及农村商业银行监管资本占总资产比重越低。此外本书还发现，城商行为提高资本缓冲不得不降低贷款供给，而国有及股份制银行资本缓冲对信贷供给的负向影响并不显著。

与已有文献相比，本书研究的创新之处则主要体现为“银行资本补充能力”这一研究视角。毋庸置疑，银行资本对银行自身经营状况、货币政策传导乃至整体经济运行具有重要影响，但鲜有文献深入探讨银行资本的补充机制、银行的资本补充能力以及资本补充能力对银行行为的影响。本书从资本补充能力视角考察银行的资本和风险调整行为以及银行资本缓冲周期性特征，强调资本补充能力可以影响资本调整和风险调整的相对成本，从而导致资本补充能力强（弱）的银行更倾向于调整资本（风险），资本缓冲更容易出现逆（顺）周期特征。这一研究视角不仅具有稳固的现实基础，而且对我国不同银行资本和风险调整行为的差异性以及资本缓冲周期性的差异性具有良好的解释力。

目录

第一章

绪　论

第一节　研究动因

商业银行具有目标资本充足率（capital adequacy ratio，CAR）吗？理论上，由于商业银行的负债融资成本低于权益融资成本，[①] 米什金（Mishkin，2000）指出，追求利润最大化的银行会遵循“先负债，后权益”的融资顺序，使其资本充足率恰好满足最低监管要求。然而，实际资本充足率与最低监管要求相同只是一种理想情况，现实中商业银行需要兼顾“盈利性”目标和“安全性”目标，因而会普遍地持有多余的监管资本以确保稳健经营，表现为实际资本充足率高于最低资本充足率要求，[②] 这部分超额资本充足率被称为资本缓冲（capital buffer）。对于资本缓冲在空间（即不同银行间）和时间（即经济周期中）的分布，格罗普和海德（Gropp & Heider，2010）基于欧美国家商业银行样本的实证研究表明，不

① 银行负债融资成本低于股权融资成本的原因是多方面的。其中很重要的一条原因在于，政府对商业银行的隐性担保和存款保险制度的广泛实施提高了银行负债的安全性，从而降低了投资者要求的收益率。

② 自 2009 年起我国全部商业银行资本充足率均达到或超过了最低资本充足率要求。不过随着资本监管标准的提升，我国商业银行又开始面临较大的资本补充压力。

同银行的资本缓冲存在着明显差异，并且同一银行的资本缓冲时间序列具有均值回归特征。商业银行具有目标资本充足率可以同时解释上述两个事实，一方面，商业银行依据自身经营情况确定资本充足率目标，因此银行资本缓冲的截面差异实际上反映了银行目标资本充足率的特质性。另一方面，当实际资本充足率偏离目标时，商业银行会主动采取调整措施以缩小偏离程度，从而使资本缓冲具有均值回归倾向。

从“商业银行具有目标资本充足率”这一命题出发，自然而然地会引出商业银行如何设定资本充足率目标、如何达到目标资本充足率、以多快的速度到达目标资本充足率、实际资本充足率在调整过程中具有怎样的特征等一系列问题。具体而言，本书主要关注以下几方面问题，第一，哪些因素决定了银行的目标资本充足率？是外部监管政策、宏观经济环境、行业竞争格局还是银行微观特征？第二，当实际资本充足率偏离目标时，商业银行将采取怎样的调整措施以确保“均值回归”的发生？是偏重于调节风险加权资产，还是更倾向于调整监管资本？商业银行的实际资本充足率趋向目标的速度快慢如何？第三，不同商业银行资本缓冲与经济波动的耦合特征，即资本缓冲的周期性是否存在差异？上述几个问题均可归结为商业银行资本充足率的调整问题。

需要说明的是，本书并没有使用“商业银行资本充足率调整研究”这一题目，而是使用了“商业银行资本结构调整研究”。这是因为，一方面，商业银行的资本充足率隶属于银行资本结构的范畴，可以将银行资本充足率看作是银行杠杆率之外的、衡量资本结构的另一种方式。另一方面，研究商业银行的资本结构调整问题，与公司金融领域研究企业资本结构调整问题在形式上是一致的，从而可以更为自然和顺畅地借鉴公司金融领域的相关研究成果。

本书之所以选择研究银行的资本结构调整问题，有文献驱动和事实驱动两方面动因。

一、文献方面的动因

首先，尽管对于公司资本结构的研究较多，但也不难发现，对于商业银行资本结构的研究长期滞后于对一般工商企业资本结构的研究。一是理论研究方面，基于非对称信息的诸多资本结构理论模型基本上不适用于商业银行。商业银行之所以存在，正是因为其在信息处理方面比分散的投资者更具优势。换言之，商业银行在某种程度上修复了市场的不完全性，因此基于非对称信息和不完全市场的理论在银行领域难有用武之地。二是实证研究方面，对银行资本结构的实证分析落后于对一般工商企业资本结构的实证分析。现实中商业银行的杠杆率远远超过一般工商企业，因此在资本结构的实证文献中，经常可以在文献的“样本选择”部分见到诸如“遵循研究惯例，本书样本不包含金融企业和公共事业企业”之类的语句，从而将商业银行排除样本外。莫迪利亚尼和米勒（Modigliani & Miller，1958）早在1958年就对一般工商企业资本结构提出了米勒模型（modigliani & miller，MM）理论，但直到近40年之后，米勒（Miller，1995）才开始撰文探讨MM理论是否适用于商业银行，对商业银行资本结构研究的滞后可见一斑。

其次，之所以既有文献对商业银行资本结构的研究较少，与商业银行资本结构的特殊性有关。商业银行资本结构的特殊性根源在于商业银行作为企业的特殊性。[①] 按照从一般到特殊的理解顺序，可以发现商业银行的性质具有以下三方面内容：第一，商业银行具有一般企业的特征，即商业银行具有企业的共性。[②] 第二，商业银行又是特殊的企业。本斯顿（Ben-

① 在教科书中，商业银行被定义为：“商业银行是以追求利润最大化为目标，以多种金融负债筹集资金，以多种金融资产为其经营对象，能利用负债进行信用创造，并向客户提供多功能、综合性服务的金融企业。”诸多限定条件显示商业银行的特殊之处。

② 这些共性是：提供商品和服务，以利润最大化为目标，是自主经营、自负盈亏、独立核算的经济单元，能够优化社会经济资源配置、降低交易成本等。

ston，2004）专门以《商业银行有何特殊之处》（What's Special About Banks）为题，从银行提供的产品类型、银行对经济发展的重要性、银行的国际化程度、银行在货币政策传导过程中的角色、银行受政府监管力度等五大方面考察了商业银行的特殊性。[①] 第三，商业银行与其他类型金融机构也存在明显区别。商业银行可谓既特殊又重要，由此导致一种常见的对金融机构的分类就是将所有金融机构分为银行类金融机构和非银行类金融机构。[②]

再次，我们也注意到自2007年以来国外对商业银行资本结构的研究取得了丰硕成果，尤其是金融危机后对商业银行资本结构、资本监管等问题的研究如雨后春笋。[③] 多数研究表明，商业银行的资本结构并非由监管标准决定，而是银行根据自身风险收益状况自主确定的。格罗普和海德（2010）应用欧美15个国家中200家最大的银行为研究样本，发现既往用于解释一般工商企业资本结构的因素对商业银行资本结构也具有较强的解释能力，并认为商业银行资本结构的选择同样遵循权衡理论。后续国外研究则分别从空间维度（横截面维度）和时间维度（经济周期维度）考察了银行资本结构问题，探讨了银行资本结构横截面异质性的原因（Brewer et al.，2008；Fonseca & Gonzalez，2010；Christoffer & Schepens，2013）、资本结构调整方式及调整速度异质性的原因（Maurin & Toivanen，2012；Francis & Osborne，2012；De Jonghe & Öztekin，2015），以及资本结构随经济周期的变动特征（Ayuso et al.，2004；Coffinet et al.，2011）。相比之下，国内对银行资本结构的研究大多集中于时间维度的资本缓冲周期性这一话题（党宇峰等，2012），较少涉及银行资本结构的横截面异质性。

最后，2008年金融危机后，对商业银行资本监管的争论也引发了我

① 此外，商业银行与一般企业的第六点不同的是，银行和银行业为学术机构和个人提供了研究便利（Benston，2004）。

② 根据米什金（2000）的划分，金融中介分为存款中介、投资类中介和契约中介三种形式。存款类金融中介又被称为银行金融中介，主要包括商业银行等；投资类中介和契约类中介机构被合称为非银行金融中介，主要包括保险、证券、基金等。

③ 在Google搜索框中输入“bank capital structure pdf”，返回的学术论文大多为2007年之后。

们对银行资本充足率和资本结构问题的兴趣。以阿马蒂和赫尔维格（Admati & Hellwig，2013）为代表的学者强烈要求提高银行资本充足率，他们在《银行家的新衣》（Banker's New Clothes）中提出，提高银行资本、加强银行系统稳健性并不会牺牲经济效率，目前“银行业之所以如此脆弱，不是因为银行业自身必然脆弱，而是银行家主动选择所致（banks are as fragile as they are not because they must be，but because they want to be）”。阿马蒂（Admati，2013）详细地剖析了一系列银行监管方面的谬论，指出银行资本并不昂贵（socially expensive），“提高资本监管要求将带来很大的社会成本，并对信贷市场产生不良影响”的观点是站不住脚的。而另一派学者则坚持认为（Elliott，2009），MM 理论确实不适用于商业银行，提高银行资本意味着更高的加权资本成本，势必会对银行经营产生不利影响。此外，迪安杰洛和斯图尔茨（DeAngelo & Stulz，2013）更是从理论上证明商业银行维持高杠杆的策略是最优的，如果对商业银行杠杆率施加太多限制，将使商业银行同不受监管的影子银行的竞争中落败。总之，提高还是放松资本充足率监管要求，在学术界仍然是悬而未决的议题，而要想回答这一问题，有必要先明确银行自身资本充足率的设定和调整情况。

二、事实方面的动因

本书选择研究商业银行资本结构的调整，绝非试图搭建没有现实根基的空中楼阁，而是在密切关注和思考我国金融体制特征、金融监管演变和我国银行业现实的基础上有的放矢。

第一，在我国以银行业为主导的金融体系中，商业银行资本结构的调整对经济运行具有重要意义。以资本充足率调整为例，商业银行为达到更高的资本充足率，既可以使用分子策略调整资金来源，即通过发行各类核心资本以及附属资本工具改变银行资本总额，也可以使用分母策略调整资金运用，通过收缩信贷供给或者在不同风险等级资产间进行调配降低银行风险加权资产。就资本补充来看，由于商业银行尤其是上市商业银行体量较大，大量补充资本可能会对资金形成虹吸效应，不利于其他实业企业的资本补充和业务发展。就资金运用来看，商业银行收缩信贷对实体经济造成的重大影响是不言而喻的，货币政策传导理论中的“银行信贷渠道”（bank lending channel）和“银行风险承担渠道”（bank risk taking channel）所强调的就是货币政策可以通过影响银行放贷能力或放贷意愿，进而影响实体经济获得的信贷总量，从而作用于宏观经济运行。此外，即便是商业银行保持资产总量不变，而单纯改变不同资产的配比，也可能产生重要的经济影响。一个重要的事实在于，商业银行是银行间债券的主要持有者，[①] 如果商业银行在贷款类资产和债券类资产之间调整分配比率，很可能对市场收益率曲线造成重大影响，并影响资金需求方对间接融资和直接融资的相对偏好。

第二，《商业银行资本管理办法（试行）》要求我国商业银行必须对资本结构进行相应调整。金融危机爆发后，人们惊讶地发现，本应该作为流动性提供者的商业银行并没有很好地向金融市场供给流动性，反而呈现出流动性囤积（liquidity hoarding）现象，甚至在央行使用宽松货币政策时，不少商业银行仍然有浓重的惜贷情绪，阻碍了实体经济的有效复苏。巴塞尔委员会在总结教训时指出，流动性风险和清偿力风险均会对商业银行的稳健经营造成不利影响。为增强商业银行的流动性和清偿力，巴塞尔协议Ⅲ中引入了新的流动性监管指标，同时也加强了资本监管力度。事实上，正如王兆星（2010）所言：“流动性和资本是银行应对外部冲击的两道相互补充的防线”，其中资本属于商业银行最后的防线。暂时的流动性危机可以通过非常规手段予以救助，而一旦资本耗尽，商业银行资不抵债，迎来的只能是破产的命运。正是意识到资本的极端重要性，银监会在借鉴巴塞尔协议Ⅲ的基础上，颁布了更为严格的资本管理办法，并于

① 利率债方面，2014 年末，商业银行债券持有量约为 20 万亿元，市场占比接近 60%。在信用债市场，2010 年末商业银行持有企业债 4964 亿元，占企业债未偿余额的 34%（至 2014 年末这一比重已降至 23%）；商业银行持有短融及中期票据的比重均超过 50%，但至 2014 年末均已不足 50%。

2013 年 1 月试行。新的监管标准对我国商业银行资本管理提出了较大的调整要求，各银行纷纷采取应对措施。探讨我国商业银行资本结构调整问题，将有助于判断资本监管新规的影响力和效果。

第三，危机后宏观审慎监管理念深入人心，正如国际清算银行的克劳迪奥·博里奥（Claudio Borio，2009）所说，“大家都是宏观审慎派了（we are all macroprudentialists now）”，而提高银行资本充足率是各国宏观审慎政策的核心和重要一环。为进一步完善宏观审慎政策框架，我国于 2016 年开始施行的宏观审慎评估体系（macro prudential assessment，MPA）中，首要考察的就是资本和杠杆情况，[①] 商业银行资本结构在宏观审慎政策中的重要地位可见一斑。众所周知，宏观审慎涉及时间和横截面两个维度，前者重在考察经济系统的总体风险如何随时间发展变化，后者重在分析特定时间点上或时间段内，总风险如何在各部门和各金融机构之间分布。而本书同时考察我国商业银行资本结构的横截面差异和资本缓冲随经济周期的变化，正好与宏观审慎的两个维度相对应。

第四，我国商业银行业处于不断的变迁和调整过程中，银行资本充足率总体呈上升趋势，但各银行之间又存在较大差异。2009 年开始，我国全部商业银行资本充足率均达到或超过 8% 的最低资本充足率要求，但此前数年，很多银行资本充足率并未达标。短短 10 年之间，我国商业银行的资本实力得到了极大的巩固，而这一过程中各银行调整资本充足率时所采取的方法、达到监管要求所用的时间是存在巨大差异的，因此研究商业银行资本结构的调整也有助于总结和梳理我国商业银行资本实力的变迁历史。

---

① MPA 体系重点考察资本和杠杆情况、资产负债情况、流动性、定价行为、资产质量、外债风险、信贷政策执行七大方面。

第二节 研究视角

所谓研究视角，是指从哪个角度来分析所要研究的问题。就本书所要研究的问题（商业银行资本结构的调整）而言，存在与商业银行资本结构调整策略相对应的两种视角：一是资产调整视角，强调商业银行资产配置的分母策略；二是资本调整视角，强调商业银行资本补充的分子策略。

对于商业银行资产调整的研究较多，主要集中在银行信贷供给的影响因素方面。梳理文献可知，影响银行信贷供给的因素可以分为宏观经济因素和银行微观特征两方面：一是在宏观层面，货币政策、经济周期和宏观经济不确定性均可对信贷供给产生重要影响。其中，货币政策对信贷供给的影响在货币政策传导的信贷渠道（credit channel of monetary policy transmission）有关研究得到了充分揭示；[①] 经济周期对信贷供给的影响则多见于探讨银行信贷顺周期（bank lending procyclicity）研究中；[②] 宏观经济不确定性对信贷供给的影响已由瓦伦西亚（Valencia，2013）进行了深入研究。[③] 二是在银行微观特征方面，银行资本、流动性和规模均和信贷供给相关。银行资本对银行信贷决策的重要性体现在融资便利途径、风险抵御

① 信贷渠道下的货币政策传导可以细分为银行借贷渠道（bank lending channel）和资产负债表渠道（balance sheet channel），其中，资产负债表渠道又可以从企业与个人两个角度进行分析。银行借贷渠道强调货币政策通过影响商业银行的超额存款准备金作用于银行贷款，而资产负债表渠道强调货币政策通过影响借款方的授信能力（即企业和家庭的借款能力）而发生作用。

② 信贷顺周期是指经济萧条时信贷收缩、经济繁荣时信贷扩张的现象，会产生放大经济波动的不良后果。造成银行信贷顺周期的原因既有内生性原因（如借贷双方信息不对称、信贷活动中的羊群行为、企业违约率和抵押品价值的周期性等），也有政策规则等外部原因（如巴塞尔协议Ⅱ下的资本监管、后顾式的拨备计提政策、公允价值会计准则中的“盯市”原则等）。

③ 宏观经济不确定性增加时，一方面，银行和企业间信息不对称程度加剧，信贷资产定价准确性下降，可能出现的较大偏差会给银行带来严重损失；另一方面，企业在经济形势不明朗时，较易出现投资决策或经营方向失误，银行面临的违约风险增加，出于维持良好业绩的目的，商业银行在不确定性加大时倾向于采取稳健和保守的经营策略。

途径和资本监管途径三方面;[①] 银行流动性对银行信贷供给的影响主要体现在融资便利途径;[②] 规模因素对银行信贷决策的影响主要体现为大而不倒效应、风险管理能力差异和客户资源质量差异三方面。[③]

本书选择了不从银行资产调整视角，而是从资本调整视角分析银行资本结构调整。考虑到我国商业银行在向更高水平和更严格资本充足率标准趋近的过程中，主要面临的是资本不足而非资本过剩问题，本书将资本调整视角简化为资本补充视角。具体而言，本书将主要以不同银行资本补充能力的差异来解释各银行资本结构调整方式、资本结构调整速度和资本缓冲周期性的差异。本书选择资本补充能力为研究视角，主要有以下几方面原因：

第一，资本补充能力可以类比一般工商企业的融资能力。融资能力强

---

① 第一，融资便利途径。银行和债权人间的信息不对称不利于银行以低成本迅速融资。根据预期破产成本假说（Berger，1995），资本充足的银行破产概率低，更易在融资市场上获得青睐。宏观经济不确定性增大时，信息不对称更加严重，资本对商业银行维持债权人信心的价值更大，因而资本充足银行能更好规避融资约束对其信贷业务的不利影响。第二，风险抵御途径。瓦伦西亚（2013）指出不确定性增加时，银行为减少破产风险、抵御经营环境的剧烈波动需要提高最优资本水平，在调整到新目标的过程中，银行信贷有所减少。银行初始资本低于目标值越多，信贷调整时间越长，紧缩程度越大。第三，资本监管途径。为维护银行体系的稳定性，监管部门要求商业银行达到一定资本充足率要求。甘巴科塔和米斯特拉利（Gambacorta & Mistrulli，2004）对资本监管影响银行信贷的研究表明，资本监管制度实施后，银行根据自身资本水平调整资产结构，资本充足银行持有更多风险资产，发放更多贷款；反之资本不足银行则减持风险资产，贷款占比下降。

② 一方面，流动性高的银行具有资产变现的便利性。银行持有现金、证券等流动性高、收益率低的资产，主要是考虑到它们较强的“无损失变现”能力。当出现有利的贷款机会时，银行可以迅速将流动性资产变现以支持业务发展，特别是当银行外部融资约束增大时，流动性资产的缓冲库存作用更加重要（索彦峰和陈继明，2008）。另一方面，流动性高的银行还具有资金吸纳的便利性。流动性资产可以降低银行违约风险和破产风险（Morris & Shin，2010；Bordeleau & Graham，2010）。

③ 第一，大而不倒效应。大型银行受到政府较强的隐性担保，并且由“大而不倒”导致的市场约束扭曲使大银行更具融资优势（Kroszner，2013）。在不确定性环境中，大银行可能比中小银行承担更多风险，贷款供给降幅较小。第二，风险管理能力。大银行具备先进的软硬件设施（如网络系统、风控模型等），风险管理水平较高，能更好地利用丰富的市场经验和信息优势甄别客户类型、准确定价，不至于在宏观经济不确定上升时大幅地降低对所有客户的信贷供给。第三，客户资源质量。大型银行更多服务于大型企业，而大型企业具有更多优质抵押品，即使出现信用违约，银行也能最大限度地减少损失，而且宏观经济不确定性对大企业的影响较小，因此大银行信贷资产质量更为稳定。

是融资约束弱的另一种表述。对于企业融资约束的研究浩如烟海，企业融资约束影响企业资本结构调整也已成为不争的事实，诸多文献均表明融资约束弱的企业资本结构调整速度更快（闵亮，沈悦，2011；于蔚等，2012）。类比之下，商业银行的资本补充能力强意味着其所受到的股权融资约束较弱，一方面，资本补充能力能够影响银行调整资本相对于调整资产的成本，进而影响银行资本结构的调整方式。另一方面，资本补充能力能够影响银行资本结构的总调整成本，从而影响银行资本结构的调整速度。需要指出的是，之所以不考虑商业银行的负债融资能力，是因为商业银行进行负债融资的自主性较差，一是因为在利率市场化尚未完成之前，存款利率始终受到官定利率的管制和引导，银行对资金定价权的掌控力较弱；二是由于存在隐性担保，储户在存款时对银行信用风险考虑较少，选择哪家银行存款很大程度上受个人习惯和偶然性因素影响。①

第二，选择从资本补充能力角度而非资产调整能力角度进行分析还因为银行的资产调整能力不易度量和分析。信贷资产是商业银行最重要的风险资产，因此银行调整风险加权资产主要体现为调整贷款供给。资产调整成本很大程度上与银行和企业等贷款需求方的议价能力有关。现实中，不仅存在“企业求银行（发放贷款）”，也存在“银行求企业（增加存款）”（方军雄，2010），银企之间的议价能力受银行特征和企业特征的共同影响（辛兵海等，2014）。一般而言，在贷款对象相同的情况下，大银行议价能力高于小银行。但现实中大银行的贷款对象中大企业占比往往较高，而中小银行的贷款对象中中小企业和小微企业较多，因此不同银行的议价能力高低不易做出简单判断，从而也就无法有效地从银行资产调整能力角度分析银行资本结构的调整问题。

第三，也是最重要的一点，资本补充能力这一研究视角与我国商业银行的资本补充问题相呼应。众所周知，我国商业银行业务发展模式较为粗

① 除吸收存款外，商业银行还可以通过同业负债业务、发行债券进行融资，但其在融资总额中占比例较低。

放，粗放式的发展耗用大量资本，形成“资本补充→粗放放贷→资本不足→资本补充”的怪异循环，其中的关键问题就在于商业银行的资本补充机制不完善。因此，从资本补充视角分析银行资本结构调整，是基于我国银行业“资本饥渴症”的现实情况。商业银行资本补充问题既是我国银行业的一个历史问题，也是一个与近年来监管规则变动、银行业资产规模快速膨胀有关的现实问题。一方面，按照原资本监管口径计算，在银监会刚成立的2003年底，我国商业银行的加权平均资本充足率仅为5.75%。另一方面，由于贷款高速增长和更为严格的资本监管要求，商业银行整体面临着巨大的资本缺口和资本补充压力，反映为多次上演的上市银行大规模资本补充行为。现实中能够上市的银行仅仅20余家，为数众多的城市商业银行（以下简称城商行）和农村商业银行（以下简称农商行）至今仍徘徊在首次公开募股（initial public offering，IPO）门槛之外，由于缺乏有效的外部资本补充渠道，这些银行的资本补充压力更大。

总之，选择从银行资本补充能力角度分析银行资本结构调整，即符合我国商业银行“资本饥渴症”下屡屡寻求资本补充的现实，也与研究一般工商企业资本结构调整时所强调的“融资约束”因素相对应。这一研究视角，也构成了本书的一项主要创新。毋庸置疑，银行资本对银行自身经营状况、货币政策传导乃至整体经济运行具有重要影响（Van den Heuvel，2008；Elliott，2010；Demirguc - Kunt et al.，2013），但鲜有文献深入探讨银行资本的补充机制、银行的资本补充能力以及资本补充能力对银行行为的影响。本书从资本补充能力视角考察了一系列与商业银行资本结构调整相关的问题（调整方式、调整速度、调整的周期性等），强调资本补充能力可以影响资本调整和风险调整的相对成本，从而导致资本补充能力强（弱）的银行更倾向于调整资本（风险），资本调整速度更快（慢），资本缓冲顺周期性更弱（强）。这一研究视角不仅具有稳固的现实基础，而且对我国不同银行资本结构调整行为具有良好的解释力。

第三节 研究方法和结构安排

一、研究方法

本书以金融经济学、商业银行资本和风险管理学等相关学科为依托，结合我国商业银行所处的制度环境和特有的市场结构，对以资本充足率衡量的商业银行资本结构的调整进行研究。主要的研究方法包括以下四点内容。

（1）定性分析和定量分析相结合的方法。定性分析方面，本书构建了简单有效的理论模型。三组理论模型均基于银行最小化持有资本或调整资本成本的理性行为，针对商业银行目标资本充足率的决定、实际资本充足率的调整和资本充足率与经济周期的耦合特征，得出了可供检验的理论假说。定量分析方面，本书基于我国商业银行数据，针对理论假说建立了恰当的计量模型，实证检验了理论假说是否成立，由此得出本书的一系列研究结论。

（2）归纳和分类的研究方法。分析问题往往要从对研究对象的分类开始，就本书研究而言，对于商业银行资本补充能力的分类是后续研究的基础；而分类过程中就用到了归纳法，在对商业银行资本补充能力强弱的判断上，本书通过归纳了我国商业银行的 4 条主要资本补充渠道，并根据不同商业银行在 4 条渠道上的差异对样本银行进行分类。

（3）比较分析法。本书所用的比较分析法，主要体现在比较资本补充能力强弱两组银行在资本调整速度、资本调整方式、资本缓冲周期性等问题上的差异，由此凸显出资本补充能力对于商业银行资本结构调整的重要意义。此外，鉴于商业银行资本充足率包括资本和风险两部分，本书还注意比较了资本和风险各自的周期性。

(4) 类比分析法。本书之所以从商业银行资本补充能力这一视角研究其资本结构调整问题，是受到了公司金融领域“融资约束与资本结构调整”这一经典话题的启发。作为金融企业，商业银行虽然具有其特殊性，但其与一般工商企业毕竟同属于企业的范畴，因此其资本结构调整和一般工商企业的资本结构调整应该有一定的共性，并且商业银行资本补充能力和一般工商企业规避融资约束的能力存在诸多相似之处。

二、结构安排

本书共分七章:

第一章是绪论，主要用来介绍本书研究背景、研究视角、基本结论和研究方法等内容。

第二章是对资本结构相关研究的综述，首先，对一般工商企业资本结构的理论研究综述和实证研究进行梳理，其次，对商业银行资本结构的度量方式、决定因素、调整方式和周期性特征进行了文献综述，为本书研究奠定了基础。

第三章则围绕我国商业银行资本补充能力展开分析，由对商业银行“资本饥渴症”现象和原因的分析引出我国商业银行的资本补充问题，并对比分析了银行资本补充能力和企业融资约束两个相似概念，在此基础上对我国商业银行按资本补充能力强弱进行分组，将国有及股份制银行划分为资本补充能力较强的一组，将城市及农村商业银行化为资本补充能力较弱的一组，这是本书实证研究的起点，后续实证分析均建立在本章对银行样本分组的基础上。

第四章分析商业银行的目标资本充足率问题，首先构造银行最小化资本成本的理论模型，推导出银行目标资本充足率的决定公式，进而通过估计动态调整模型计算出银行的目标资本充足率和资本充足率缺口，并详细比较了两组商业银行资本充足率缺口的分布情况和实际资本充足率向目标资本充足率的调整速度，印证了国有及股份制银行相比城市及农村商业银行具有更强的资本补充能力这一事实。

第五章在第四章基础上进一步展开，分析商业银行面临资本充足率缺口的调整行为。通过建立一个简单地两期模型表明，银行资本补充能力强弱影响其调整策略，即资本补充能力强的更倾向于使用资本调整策略，而资本补充弱的更倾向于使用资产调整策略。接下来的实证分析证实了这一推论。

第五章重点在考察银行资本结构调整的截面异质性，而第六章则侧重于分析银行资本缓冲调整随时间变化（周期性）在两类商业银行组中有何不同。理论分析表明，资本补充能力强的银行在经济形势较好时能够较快地补充资本，资本增速快于总资产增速；而资本补充能力弱的银行在经济形势好时无法有效补充资本，资本增速慢于总资产增速。由此导致资本补充能力强的商业银行的资本缓冲更容易出现逆周期特征，资本补充能力弱的商业银行的资本缓冲更容易出现顺周期特征。实证分析则发现，国有及股份制银行资本缓冲逆周期，而城市及农村商业银行资本缓冲呈顺周期变动。

第七章是本书的研究结论与展望，并针对提高商业银行资本补充能力提出了相关的政策建议。

上述七章内容，本书研究思路如图 1.1 所示。

第四节 创新之处和研究意义

一、创新点

本书研究具有以下三方面的创新点：

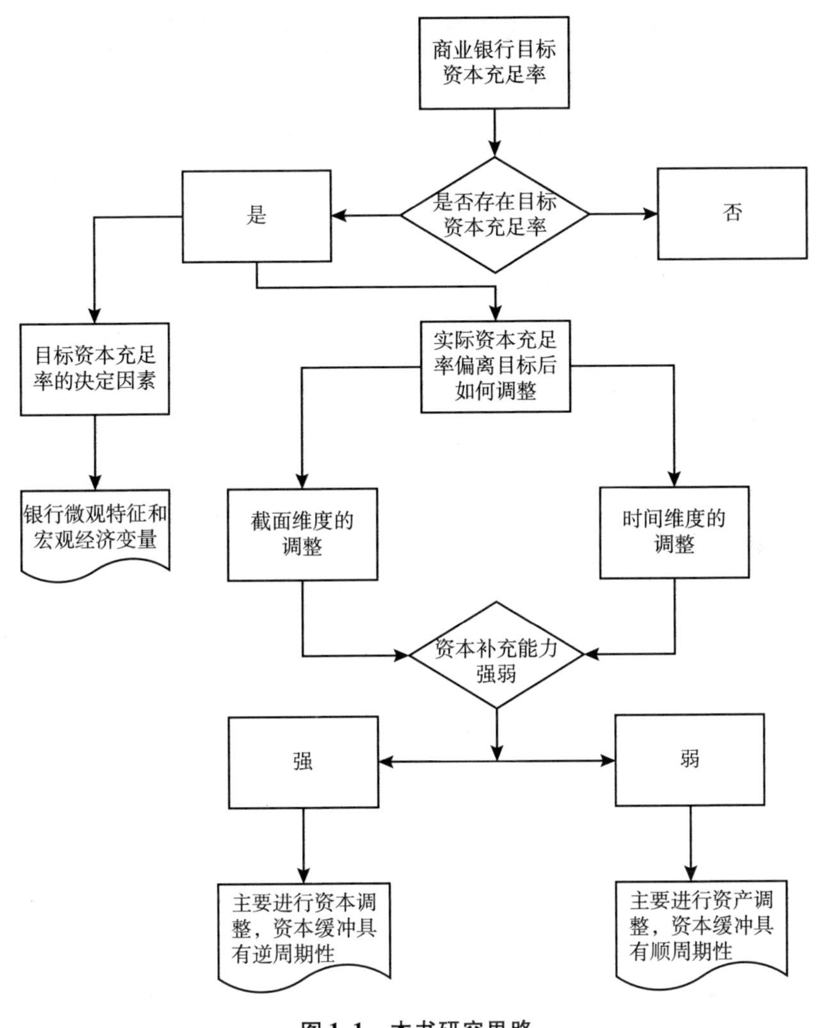

图 1.1　本书研究思路

第一，研究视角的创新。融资约束是公司金融领域中重要的概念，本书将融资约束的概念移植到商业银行领域，认为商业银行在股权融资方面存在约束，而且不同银行克服融资约束的能力不同，也就是本书所强调的不同银行资本补充能力存在差异。从资本补充能力视角研究银行资本结构的调整，是本书最为突出的创新点。

第二，研究对象的创新。研究一般工商企业资本结构决定及调整的文献已有很多，但是鲜有文献考虑商业银行资本结构的调整问题，即便有针对银行资本充足率调整的研究，也并未上升到银行资本结构调整的高度。相比之下，本书的创新在于，一方面，考察了截面维度上银行资本结构在资本充足率缺口下的调整；另一方面，考察了银行资本结构在时间维度上与经济周期的耦合特征。

第三，研究结论的创新。正是由于本书研究对象和研究视角的创新，本书也得到两点已有文献没有得出的结论，一是资本结构调整方式方面，当实际资本充足率与目标偏离时，资本补充能力强的银行主要靠调节资本，而资本补充能力弱的银行主要靠调节风险资产；二是资本结构周期性方面，资本补充能力较强的银行资本缓冲具有逆周期性，而资本补充能力较弱的银行资本缓冲具有顺周期性。

二、研究意义

本书的研究意义主要体现在以下两个方面。

第一，本书丰富了银行资本调整行为的相关文献。一方面，目前国内研究大多关注资本监管压力的影响（吴俊等，2008；许友传，2011；李维安，王倩，2012；成洁，2014），但即便银行已经达到资本监管要求，其仍然可能面临资本充足率缺口，因此研究资本充足率缺口下银行的调整行为更具普遍意义。另一方面，国外文献主要以欧美发达国家银行业为研究对象（Francis & Osborne，2012；Christoffer & Schepens，2013；Schandlbauer，2014），本书通过探讨中国商业银行资本充足率的调整问题，为其他新兴市场或发展中国家商业银行资本充足率的调整提供了一定的研究借鉴。此外，从更广泛的意义看，本书实际上将公司金融领域中“融资约束”这一重要概念以“资本补充能力”的形式引入到商业银行研究，鉴于融资约束对企业各方面行为的重要影响，后续研究可以继续从商业银行资本补充能力的角度考察商业银行行为。

第二，本书研究结论具有较强的现实意义。2013 年 1 月 1 日起我国开始施行的《商业银行资本管理办法（试行）》（以下简称资本管理办法）提出了更严格的资本监管要求，必然会在短期内加剧我国商业银行的资本短缺状况，对此各商业银行将进行不同程度的资产负债表调整。如果银行特别是上市银行选择分子策略，从资本市场尤其是股市融资，由于其融资规模巨大将会对我国股市造成较大压力；如果银行选择分母策略，缩减资产规模，特别是信贷类资产，则又会对实体经济造成不利冲击。在此背景下，对我国不同资本补充能力商业银行资本结构动态调整的研究有助于更好预测资本监管要求提高的潜在影响，也对下一步有针对性地完善我国商业银行的资本补充机制具有一定的启示意义。

第二章

文献综述

第一节 企业资本结构研究综述

一、理论研究

企业资本结构（capital structure）是指其资本总额中各种资本的构成及其比例关系。如何选择负债融资和权益融资的比例使企业价值最大化，也就是资本结构和企业价值之间的关系，是业界和学界共同关注的重要话题。

第一，早期资本结构理论。以莫迪利亚尼和米勒（1958）为界，此前对于企业资本结构的理论研究被归为早期资本结构理论，其代表性研究学者为杜兰德（Durand，1952）。杜兰德（1952）系统地总结了早期资本结构理论中的三个分支理论：净收益理论、净营业收益理论和传统折中理论。三个理论的主要观点、主要依据和局限性如表 2.1 所示。

表 2.1 早期资本结构理论

理论	主要观点	主要依据	局限性
净收益理论（net income approach，NIA）	追求价值最大化的企业应尽可能多地使用债务融资	强调税盾效应的重要性。税盾效应导致企业债务融资成本低于股权融资成本	1. 静态地看待债务融资和股权融资成本，没有考虑债务利息和股权资本成本反过来受财务杠杆影响的情形。2. 仅仅从收益角度考虑杠杆，而没有考虑过度负债带来的经营风险
净营业收益理论（net operating approach，NOA）	企业最优资本结构无法确定，企业应该关注的不是最优资本结构，而是净营业收入	假定债务融资成本不变，随着债务融资上市，企业股权融资成本会因为经营风险加大而上升，从而股权融资成本上升会抵消税盾效应	1. 净营业收益理论认为与其关注债务融资和股权融资之间的分配比例（切蛋糕），不如想方设法提高经营收益率而提高企业价值（做大蛋糕），这在某种意义上消解了资本结构研究的意义。2. 没有给出资本结构和加权融资成本之间精确的关系，只是定性地做出分析
传统折中理论	既不能像经营业收益理论那样鼓励企业不关注资本结构问题，也不能像净收益理论那样鼓励企业一味采用债务融资	债务融资成本、权益融资成本和加权资本成本均是资本结构的函数，并且债务融资成本始终小于权益融资成本。债务融资对加权资本成本的影响依赖于债务融资水平	主要建立在经验判断基础上，没有给出最优资本结构水平的决定因素，也无法有效指导企业资本结构选择的实践活动

注：具体而言，在债务融资比例较小时，加权资本成本将随负债比例上升而降低，企业价值随负债比例上升而上市；但杠杆率较高时，进一步的债务融资属于过度债务融资，将导致权益资本、债务资本和加权资本成本的快速上升，企业价值因此而下降。

第二，现代资本结构理论。现代资本结构理论以 1958 年 MM 理论的提出为标志性事件。MM 理论在推导过程中采用了严谨的无套利方法，得出了“公司价值是由全部资产的盈利能力决定的，与负债和权益资本的结构无关”这一令人意外的结论，从而引起了理论界的巨大反响，并催生了一系列针对 MM 理论前提进行修正的资本结构理论。早期的 MM 理论建立在无税收、无交易成本等完美资本市场前提假设下，认为低成本债务融资的杠杆收益和高杠杆引致的高权益资本成本相抵消，最终无论企业有无债务融资、债务融资比例高低，加权资本成本和企业价值均不会因资本结构的变化而变化。现实中税收因素对企业经营成果的重大影响，早期资本结构理论中净收益理论所依据的就是“税盾效应”，因此不考虑税收显然与实际情况不符。作为改进，莫迪利亚尼和米勒（1963）对最初的 MM 理论进行了修正，结论表明在考虑所得税的情况下，企业增加债务融资过程中，股权融资成本的上升速度慢于杠杆率的提高，因而加权成本降低，公司价值上升。可以发现，无税条件下的 MM 理论结论与早期资本结构理论中的净营业收益理论结论一致，而有税条件下 MM 理论结论与早期资本结构理论中的净收益理论结论一致。但是，MM 理论所体现的无套利分析方法，是早期资本结构理论中没有体现的，因而 MM 理论当之无愧地是资本结构理论乃至公司金融领域重大的理论进展。

权衡理论则在 MM 理论的基础上，通过进一步放宽诸多前提假定，考虑税收、财务困境成本、代理成本等现实性因素在资本结构和企业价值关系中所起的作用。总体而言，权衡理论主要是权衡负债的税盾效应和负债对预期破产成本的影响，一方面，由于税盾效应的存在，提高债务融资比率可以降低加权资本成本，增加企业价值；另一方面，企业财务杠杆太高会危及经营稳健性。提高债务融资，尤其是在债务融资比率已经处于较高水平时进一步增加债务融资，会显著增加企业陷入财务困境甚至破产的可能性。因而最优资本结构应该使边际上的税盾效应带来的收益等于边际上预期破产成本的增加。对比权衡理论和早期资本结构理论中的折中理论不难发现，权衡理论是早期折中理论中更为丰富和深刻的版本。

第三，新资本结构理论。新资本结构理论与此前的资本结构理论相比，最大的特点在于不是只注重破产、税收等因素，而是强调信息不对称、代理成本等现实因素，通过将信息不对称理论中的“信号”“契约”“动机”和“激励”等概念引入分析过程。新资本结构理论主要包括代理成本理论（Jensen & Meckling，1976）、信号传递理论（Ross，1977）和优序融资理论（Myers & Majluf，1984），三个理论的主要结论和论证过程如表 2.2 所示。

第四，后资本结构理论。新资本结构理论在 20 世纪 80 年代初得到了迅猛发展，但正如哈里斯和拉维夫（Harris & Raviv，1988）所言，“信息不对称方法已经达到收益递减的转折点”，导致新资本结构理论在 80 年代中期有些难以为继。正是在这种背景下，后资本结构理论开始登上学术舞台。后资本结构理论主要是资本结构理论和管理控制权理论结合形成的资本结构管理控制派和资本结构理论与产业组织理论结合形成的资本结构产品市场派两大派系。一方面，20 世纪 80 年代是公司间并购的黄金时期，在此现实背景下，公司控制权市场理论得到学术界的空前重视，公司控制权市场和企业资本结构之间的联系也逐渐为学者注意，由此诞生了以公司控制权市场理论为基础的资本结构管理控制学派；另一方面，20 世纪 80 年代产业组织理论的蓬勃发展，将产业组织理论和公司金融理论相结合，就必须明确资本结构与产品市场战略和产品特性之间的关系。这方面的文献主要从产品市场不确定性下，厂商之间的竞争行为出发，研究产品市场竞争下企业资本结构的决定因素，代表性的文献是布兰德和刘易斯（Brander & Lewis，1986）、博尔顿和沙夫斯坦（Bolton & Scharfstein，1990），不过这两篇文献的结论恰好相反，前者认为负债融资会增强产品市场竞争，后者认为负债融资会减弱产品市场竞争。

表 2.2　　新资本结构理论

理论	主要观点	主要依据
代理成本理论	随着债务融资增加，由于债权的监督效应，股权代理成本降低，而债权代理成本上升。代理成本理论认为，最优的资本结构应该是最小化两种代理成本之和的资本结构	1. 代理成本是指包括为设计、监督和约束利益冲突的代理人之间的一组契约所必须付出的成本，加上执行契约的成本超过利益所造成的剩余损失。 2. 现代公司的一大特征是所有权和经营权分离，由此导致了管理者和股东之间的代理问题和股权代理成本；此外债权人和股东也存在利益冲突的可能，由此产生了债权代理成本

续表

理论	主要观点	主要依据
信号传递理论	公司可以通过调整资本结构来传递有关获利能力和风险方面的信息，以及公司如何看待股票市价的信息。当公司价值被低估时会增加债权资本，反之亦然。高杠杆率向投资者传递了企业价值较高的信号，企业价值与杠杆率呈现正相关关系	1. 信息不对称是现实金融市场的固有特征，企业管理者天然地比外部投资者更容易掌握更多的关于企业投资项目的信息，外部投资者只能根据管理者向市场传递的信息间接地评价企业的价值和经营状况，这就为管理者通过调整资本结构来改变外部投资者对企业的评价提供了可能性。 2. 在外部投资者看来，经营者之所以敢于提高杠杆率，是因为企业为了的预期收益较高、能够承受高杠杆来带来的风险，是经营者对企业经营有信心的表现。反之，当经营者采用股权融资时，投资者会认为如果企业具有丰厚的盈利，是不会再发行新股来让新股东分享老股东利益的，因此股权融资被认为是企业经营不佳的信号
优序融资理论	优序融资理论又称啄食理论（pecking order theory），其结论给出了企业最优的融资顺序：内源融资—负债型外源融资—股权型外源融资	1. 内源融资优先于外源融资，因为经营良好、获利能力强的企业可以通过留存收益满足自身发展需求，不需要借助外源融资；相反，经营能力较差的企业不得不诉诸外源融资。 2. 负债融资优于股权融资。信息不对称背景下，投资者认为企业只有在股价高估时才会发行股票，因而一旦发行股票将会造成股价下跌。所以，企业应尽量少用股权融资，只有当杠杆率过高、经营风险过大时才发行新股

二、实证研究

对于企业资本结构的实证检验可以归纳为两个方面，一方面，资本结构的截面异质性，即哪些因素导致不同企业间资本结构的差异。另一方面，资本结构的调整，即企业实际资本结构偏离目标资本结构后如何调整。无论是分析资本结构的决定（影响）因素还是资本结构的动态调整，均可借助以下分析框架，第一，无论何时何地，企业的融资决策均有利有弊，企业权衡利弊意味着最优资本结构或目标资本结构的存在；第二，各类冲击导致企业实际资本结构偏离目标资本结构，尽管向目标资本结构的调整不无摩擦，但资本结构确实会向目标资本结构进行调整。

可见，上述分析框架主要延续了权衡理论的分析思路，而没有按照融资优序理论进行分析。之所以如此，是因为更多的学者持有企业具有目标资本结构的观点（Titman & Wesseles，1988；Rajan & Zingales，1995；Graham，1996；Hovakimian et al.，2001），并且对实业界人士的调查问卷大多表明企业具有目标资本充足率。如格雷厄姆和哈维（Graham & Harvey，2001）的调查问卷表明［共 392 名首席财务官（chief finance officer，CFO）回答了问卷］，承认具有目标资本结构（包括灵活的目标资本结构、比较严格的目标资本结构和严格的目标资本结构）的占比高达 81%。这一发现得到了国内学者陆正飞和高强（2003）、李悦等（2008）的支持，他们对我国上市公司的调查问卷分别显示，88% 和 90% 的样本公司具有灵活的甚至严格的目标资本结构。因此，基于权衡理论的分析更为符合现实。

（一）资本结构的影响因素

影响企业资本结构的因素可分为企业所处的环境因素（如宏观经济状况、制度环境和行业特征）和企业微观特征因素。

宏观经济环境（如经济增长率和通货膨胀率等）之所以能够影响企业资本结构，是因为宏观经济环境会影响企业负债融资和股权融资的相对成本。宏观经济因素这一重要的公司财务环境变量对资本结构和企业融资决策的影响长期受到忽视，直到近年来才开始关注这一话题。国外学者科拉吉奇克和莱维（Korajczyk & Lvey，2003）应用 probit 模型分析了 1984—1998 年美国公司杠杆率随宏观经济环境变化的影响，发现宏观经济状况可以解释杠杆率变动的 12% ~52%，其中融资约束较重的公司负债率具有顺周期性，即经济上行时这些公司的负债率也有所上升。相反，融资约束较轻的企业负债率在经济下行时有所上升，具有逆周期性。阿尔蒂（Alti，2006）以 1971—1999 年美国公司为研究样本，发现在市场环境较好时期公司 IPO 发行了更多股票，而在市场环境较差时公司 IPO 发行股票数较少，说明宏观经济环境影响企业的市场择时行为。莱维和亨尼西（Levy & Hennessy，2007）通过建立关于公司投融资的可计算的一般均衡（computable general equilibrium，CGE）模型考察宏观经济与资本结构的关系，发现公司自身的财务状况对二者关系具有重要影响，融资约束较轻的企业资本结构具有明显的逆周期变化特征，而融资约束程度重的企业资本结构与经济周期的关系不明显。国内对宏观经济因素和公司资本结构关系的研究起步较晚。苏冬蔚和曾海舰（2009）从我国资本市场制度环境出发，提出了宏观经济环境影响上市公司资本结构的若干假说，并运用1994—2007年上市公司面板数据加以实证分析。结果表明，我国上市公司资本结构具有明显的逆周期变化特征，经济形势越好，负债率越低。江龙等（2013）则以2000—2009年我国上市公司数据为样本展开实证分析，发现仅有非融资约束型公司的负债率才具有逆经济周期变化的特点，融资约束强的公司负债率是顺周期的。何青和向磊（2014）则专门以我国制造业上市公司为样本，考察了宏观经济因素对其资本结构的影响。结果发现，样本内的上市公司资本结构和国内生产总值（gross domestic product，GDP）增长率成正相关关系，符合科拉吉奇克和莱维（2003）、江龙等（2013）学者所研究的受融资约束较严重企业的情况。

制度环境影响公司管理层的经营动机和决策过程，因而也会对资本结构产生影响。首先将制度环境和金融问题相结合的当属拉波塔等（La Port et al.，2000），他们通过考察法律环境对公司治理的影响，发现不同法系国家中投资者保护程度和公司治理完善程度不同，从而开创了“法与金融”（law finance）这一新学科。德米格库特和马克西莫维奇（Demirguc - Kunt & Maksimovic，1999）应用30个国家的跨国数据分析了制度环境因素（包括金融市场发展程度、法律制度、政府补贴等）和企业融资决策的关系，发现制度环境对债务期限结构具有重要影响。进一步地，施莱弗和沃尔芬松（Shleifer & Wolfenzon，2002）发现，在海洋法系国家，公司进行外源融资时更倾向于使用权益融资，这在采用习惯法的英国和美国尤其明显；而在大陆法系国家，公司则更多地使用长期债务进行融资。吉安内蒂

（Giannetti，2003）将法律制度、金融发展程度与企业融资时的代理问题相联系，发现债权人保护更完善、制度执行更严格会促使公司提高负债水平尤其是长期负债，并且在股票市场不发达的国家，其企业的杠杆率也就越高。程和秀（Cheng & Shiu，2007）以45个国家为样本的研究支持了吉安内蒂（2003）的结论，即债权人保护越好，公司越倾向于提高杠杆。此外，程和秀（2007）还发现股东权益保护越好，公司越倾向于进行权益融资。由此可见，制度越是保护哪一类投资者，企业就越会倾向于从哪一类投资者处获得外部融资，其原因很可能是制度环境较好地消除了投资者的后顾之忧。瓦西里欧和达斯卡拉基斯（Vasiliou & Daskalakis，2009）在分析制度环境和资本结构关系时，首先考察了制度环境对影响资本结构的关键因素（如代理成本、信息不对称程度）的影响，在此基础上分析了欧美公司资本结构的差异性，明确指出了制度环境是影响资本结构的重要因素。此外，也有部分研究通过解释企业资本结构的国别差异，间接反映制度环境的重要影响，其理由在于制度环境影响企业融资决策，因而不同国家企业资本结构可能呈现出系统性差异。凯斯特（Kester，1988）比较了日本和美国企业使用负债融资的差异，发现日本的税收制度和融资制度安排均较美国更为支持负债融资。拉詹和津加莱斯（Rajan & Zingales，1995）对G7国家1987—1991年非金融企业资本结构的研究发现，英国和德国的杠杆率显著低于其他5国，这一结论也得到了沃尔德（Wald，1999）的支持。视线转回国内，可以发现目前对制度环境和企业融资及资本结构之间关系的研究较少，代表性的文献包括孙铮等（2005）、肖作平（2009）、沈艺峰等（2009）、苏坤和金帆（2012）。其中，孙铮等（2005）主要关注市场化进程对企业长期债务融资的影响，发现市场化程度较高的地区使用长期债务较少。肖作平（2009）则首次较为全面地论述了制度环境的多个维度在企业资本结构选择中扮演的角色。沈艺峰等（2009）侧重考查了投资者保护执行程度对公司资本结构的影响，他们通过问卷调查的方法构造了相应指标，结果表明投资者保护执行力对公司负债融资具有负向影响。苏坤和金帆（2012）则同时考虑了制度环境和产权性质对企业资本结构的影响，发现制度环境对不同产权性质企业资本结构的影响存在差异。具体而言，提升市场化程度、降低政府干预程度和培育良好的法律环境，均会鼓励企业更多地采用权益融资，从而降低其杠杆率，尤其是非国有控股公司受影响程度更大。

行业特征也会对行业内企业的资本结构产生重要影响。企业的融资能力、破产风险和税收标准在同一行业内具有相似性，一是企业所处行业决定了其所面临的竞争结构、客户群体、原料供应市场和劳动力市场，进而影响其现金流水平。二是行业特征影响企业的生产经营和风险特征，进而影响其债务成本。三是行业特征影响企业资产结构，进而影响其抵押贷款能力。因此迪安杰洛和马苏利斯（DeAngelo & Masulis，1980）指出企业最优资本结构依赖于其所处行业。哈里斯和拉维夫（1991）总结了美国行业资本结构存在差异的证据，即一些行业的资本结构在长时间内保持较低水平，如医药行业、电子仪器行业和食品行业；而另外一些行业的杠杆率一直处于较高水平，典型的是钢铁行业、航空业和水泥行业；此外，受政府管制的行业（如电信行业、电力行业和煤气行业）是所有行业中使用负债融资最多的。事实上，如果迪安杰洛和马苏利斯（1980）的论证成立，那么企业是否具有最优资本结构问题还可以从检验不同行业企业资本结构是否存在显著差异入手。如果企业确实存在最优资本结构，那么所处经营环境相似的企业资本结构之间的差异应该较小，而不同行业内企业面临的经营环境是较为相似的，那么同一行业内的企业应该会形成具有所处行业印记的独特的资本结构。反之，如果不同行业内企业的资本结构无明显差异甚至随机形成，那么很可能说明企业本身并无最优资本结构（Schwartz & Aronson，1967）。就国外经验研究结果看，多数文献指出不同行业间资本结构存在明显差异。较早的文献如施瓦茨和奥斯农（Schwartz & Aosnon，1967）发现各个行业内的企业均具有相似的资本结构。斯科特（Scott，1972）分析了 12 个不受管制行业资本结构的情况，发现行业内的企业资本结构分布较为集中。斯科特等人在后续研究中还使用了参数和非参数检验方法，进一步明确了这些行业内企业资本结构存在着明显的差异（Scott & Martin，1975）。布拉德利（Bradley，1984）通过方差分析检验行业间杠杆率均值的差异，发现行业类别可以解释企业杠杆率截面变化的54%，并且行业间杠杆率均值的变化大于行业内企业杠杆率的变化，即便剔除特殊行业（如受管制行业），行业类别对资本结构的解释力也超过25%。不过，对于行业是否影响资本结构也有少数学者给出了否定或不明确的回答，如维佩恩（Wippern，1966）发现除了受到管制的电力公共事业行业外，无法拒绝其余8个行业杠杆率相等的原假设。费里和琼斯（Ferri & Jones，1979）针对10个行业的研究结果只是发现了行业与杠杆率之间的微弱关联。马丁和亨德森（Martin & Henderson，1974）也认为仅有少数行业的杠杆率存在明显差异。国内学者大多数认同行业特征对资本结构具有重要影响。经典的研究如陆正飞和辛宇（1988）对1996年沪市上市公司按行业分组，发现不同行业内企业的资本结构存在显著差异。他们的研究也得到了吕长江和韩慧博（2001）、王娟和杨凤林（2002）的支持。例外的只有洪锡熙和沈艺峰（2000），他们以1995—1997沪市上市的221家工业企业为样本，通过列联表的卡方检验发现行业因素对公司资本结构无显著影响。

影响资本结构的企业微观特征众多，在已有文献中某些微观特征对资本结构的影响方向也没有定论，哈里斯和拉维夫（1991）发表于美国《金融杂志》（Journal of Finance）上的论文对此进行了很好的总结。

（二）资本结构的动态调整

即便企业存在最优资本充足率，并且在某些时刻能够恰好达到最优水平，但由于经营环境的变动不居，总会遇到各式各样的外部冲击，从而导致企业实际资本充足率不可避免地偏离其最优水平。甚至可以说，资本结构偏离最优水平才是常态，资本结构恰好处于最优水平才是偶然。对此，追求价值最大化的企业必然会做出一些调整措施，以促使资本充足率趋近最有水平。在这种“偏离—调整—趋近—偏离”的循环中，企业的资本充足率呈现出动态的调整轨迹。学界普遍认为，企业基于内外部环境变化对资本充足率做出动态调整，因而资本结构是一个不断优化的结果。罗伯茨（Roberts，2002）认为企业的目标资本结构本身并非一成不变，而是在一个区间内变动，因而实际资本结构和目标资本结构之间差距可能不仅是企业未及时对实际资本充足率做出调整，还可能是目标资本充足率本身发生了变动。弗莱尼和兰根（Flannery & Rangan，2006）的研究则不仅再次证明企业确实具有独特的目标资本结构，并且确认多数企业都会进行趋向目标资本结构的调整行为。对资本结构动态调整的实证研究包括对资本结构动态调整理论的检验和对资本结构调整速度的分析。

在对资本结构动态调整理论的验证方面，贾利文和哈里斯（Jaliv & Harris，1984）是先驱性人物。他们第一次将动态分析法引入到资本结构理论中，指出企业会在较长的时间段内安排其融资决策。企业长期的财务目标会对企业的融资决策造成重要影响，在短期内企业会根据其长期财务目标不断调整融资决策，而资本结构调整的速度会受到一系列因素（如企业规模、货币环境和公司股价等）的影响，这一研究迅速引发了学术界对资本结构动态调整这一问题的关注。随后，菲舍尔、海因克尔和泽克纳（Fischer，Heinkel & Zechner，1989）强调资本结构调整成本在资本结构动态调整过程中的重要意义，指出只有当调整能够为企业带来净收益时，或者说调整资本结构带来的收益超过调整成本时，企业才会选择趋向目标资本结构的调整。具体而言，企业实际资本结构要么低于目标资本结构，要么高于目标资本结构，两种情形下都会出现实际资本结构对目标资本结构的偏离（分别为低偏和高偏），而低偏和高偏两种偏离形态均有各自的偏离收益和偏离成本，企业需要比较偏离收益和偏离成本，做出调整决策。

但是，即便企业发现偏离成本高于偏离收益需要调整，企业也可能因为调整成本的存在而无法有效完成调整。事实上，调整成本在企业资本结构调整决策中起着至关重要的作用（Ozkan，2001），很多条件相似的企业在资本结构调整问题上的差异，正是因为这些企业面临的调整成本存在差异（Myers，1984）。福尔肯德等（Faulkender et al.，2012）则明确指出，如果调整成本很高，使得企业调整资本结构得不偿失，那么即便企业指导目前的资本结构并非最优资本结构，企业也会选择维持当前的次优资本结构。而调整成本的存在使得企业在资本结构发生偏离时不能一次性快速调整，只能进行部分地、缓慢地调整（Frank & Goyal，2007），相应的计量模型即部分调整模型（partially adjustment model）：

$$TL_{i,t}-TL_{i,t-1}=\delta_{i,t}(TL_{i,t}^{*}-TL_{i,t-1}) \tag{2.1}$$

其中，$TL_{i,t}$和$TL_{i,t}^{*}$分别是企业 i 第 t 期的实际资本结构和目标资本结构；$\delta_{i,t}$是调整系数，反应的是企业 i 在第 t 期向目标资本充足率调整速度的快慢。现实中，实际资本结构向目标资本结构调整仅规定了资本充足率的变动方向，但如果调整速度十分缓慢（即$\delta_{i,t}$很大，接近于 1），资本充足率动态调整就丧失了其实际意义。因而，学者开始关注资本结构调整的速度，并将调整速度作为企业微观特征和企业所处环境的函数①。

具体而言，企业特征方面，公司规模、盈利能力、股利分配制度、市场账面比率均会影响资本结构的调整速度（Byoun，2005），上市时间也对资本结构调整速度有影响，例如，皮特曼和克拉森（Pittman & Klassen，2001）发现上市时间越长的公司，资本结构调整越缓慢。企业外部环境方面，哈克巴特、苗和莫雷尔（Hackbarth，Miao & Morellec，2006）的理论模型表明资本调整速度具有顺周期特征，在经济上行时会加快调整速度，德罗贝茨和万泽弗里德（Drobetz & Wanzenried，2006）、库克和唐（Cook & Tang，2010）的实证分析也支持了上述观点。安东尼奥、盖尼和帕迪亚尔（Antoniou，Guney & Paudyal，2002）则强调了行业特征的重要影响，认为制造业和服务业企业资本结构调整速度存在明显差异；姜付秀等（2008）则发现产品市场竞争越激烈的行业内资本结构调整速度越快。此外，姜付秀等（2012）还发现企业所处制度环境影响资本调整速度，表现为市场化程度较高省份的企业资本结构调整速度更快。

---

① 企业所处环境包括宏观层面的环境和行业层面（中观层面）的环境，因此也可以认为企业资本结构调整速度受到以下 3 个层面因素的影响：宏观层面（Cook and Tang，2010）、中观层面（Antoniou et al.，2002）和微观层面（Heshmati，2001；Drobetz & Wanzenried，2006）。

第二节 商业银行资本结构研究综述

随着公司金融领域中资本结构理论的不断发展，商业银行资本结构问题也逐渐引起了学者的关注。与对一般工商企业资本结构的研究相一致，已有文献主要针对商业银行的资本结构提出了以下两方面问题：一方面，从横截面维度上，商业银行的资本结构由哪些因素决定？这一问题必然会涉及商业银行是否具有最优资本结构、如何将实际资本结构调向目标资本结构及资本结构调整速度等问题。另一方面，从时间维度上，商业银行资本结构时间序列具有怎样的调整特征？这一问题主要涉及商业银行资本结构与经济周期的耦合特征，即资本结构的周期性问题。

一、商业银行资本结构的度量方式

探讨银行资本结构的决定和调整问题，先要明确银行资本结构的度量方式。而确定银行资本结构的度量方式，前提是明确银行资本这一概念。因此在进行下一步探讨之前，有必要明确与银行资本相关的三个概念。

一是会计资本（accounting capital，AC），又称账面资本（book capital）或权益资本（equity capital），是银行所有者在银行资产中享有的经济利益，其金额为资产负债表资产减去负债的金额，代表着银行所有者（或股东）对银行的控制权、收益权及对银行净资产的要求权。会计资本由股本、资本公积、盈余公积、一般风险准备、未分配利润、外币报表折算差额、归属母公司所有制权益合计和少数股东权益等项目构成。

二是监管资本（regulatory capital，RC）是指银行已经持有的或必须持有的符合监管法规规定的资本。典型的是《巴塞尔资本协议》所规定的资本要求，已成为国际银行业的准则。中国银监会于2012年6月颁布《商业银行资本管理办法（试行）》，其中关于核心一级资本、一级资本、二级资本、对应资本扣除项以及资本充足率等规定即指监管资本的概念。

三是经济资本（economic capital，EC）又称风险资本，是描述在一定的置信度水平上（如99%），一定时间内（如1年），为了弥补银行的非预计损失（unexpected losses）所需要的资本，置信度水平由银行的风险偏好决定。简单地说，是银行为抵御风险所必须持有的最低资本需要。与其说经济资本是一个资本概念，不如说它是一个风险概念更为确切。经济资本与实际资本的比较，是确定风险边界的基础。

三种资本概念之间的概念基础和管理内容存在一定差异，具体如表2.3所示。

表2.3　会计资本、监管资本和经济资本之间额差异

资本名称	诞生时间	目的	概念基础	管理内容
会计资本	历史最为悠久	会计核算	建立在财务会计基础上	会计资本的管理内容包括银行所有者权益维护、资本投资、资本融资决策和资本结构安排等有关资本的财务活动
监管资本	1988年巴塞尔协议下出现监管资本	维护银行和金融体系安全	建立在监管要求和相对简单的风险计量基础上	监管资本的管理内容包括对银行资本充足率进行计量和检测，并以资本充足率为目标进行的一系列资本结构调整和资本融资活动
经济资本	1978年美国信孚银行提出经济资本	银行为了内部风险管理需要而计算的	建立在相对复杂的风险计量基础上	经济资本的管理内容包括风险计量与控制管理、资本资源配置、风险业务决策以及风险产品定价等银行经营管理的全部内容

商业银行是一种特殊的作为经营货币和风险的金融企业，这也导致商业银行具有的内在脆弱性。根据《2014中国金融稳定报告》分析，首先，与非银行金融机构一致，作为金融机构的商业银行杠杆率较高，清偿能力

弱于一般工商企业；其次，商业银行作为资金中介，在吸收存款和发放贷款时承受了流动性风险，一旦出现因各类原因引致的挤兑事件，商业银行流动性风险会迅速转换为清偿力风险而破产；最后，商业银行之间通过同业业务形成了复杂的联系网络，单家银行的风险可以通过这一网络传导至其他银行，使得局部风险演化为系统性风险。①

为增强单个银行和银行体系的稳健性，以巴塞尔资本协议为代表的一系列监管措施相继出台。1988 年巴塞尔银行监管委员会公布了《关于统一国际银行资本衡量和资本标准的协议》（巴塞尔资本协议Ⅰ），这一版本对各国商业银行的资本结构、风险加权资产做出了统一的规定，也为各国银行业监管提供了一套国际通行的资本充足率标准，对于银行资本充足率的监管也位列巴塞尔协议Ⅱ的三大支柱之首。在资本监管下，银行业有了一个与一般工商企业不同的资本结构度量指标——资本充足率。对于一般工商企业，资本结构可用杠杆率（权益资本与总资产的比率）表示，而资本充足率指标则根据商业银行的特殊属性对杠杆率进行了重要的改进，计算方式变为监管资本与风险加权资产的比率（见表2. 4）。从表2. 4 可以发现，资本充足率的分母和分子部分相比杠杆率均有所改进。

分母方面，巴塞尔资本协议不是简单地使用总资产，而是引入了全新的加权风险资产概念。所谓加权风险资产，即针对不同类型的资产所蕴含的风险大小赋予相应的风险权重，最后加权计算总体风险水平。例如，在巴塞尔协议Ⅰ中，所有资产按照其可能出现损失的大小被分为四类，首先，风险最低的一类是无风险资产，其对应的风险权重为 0；其次，是低风险资产，相应的风险权重为 20%；再次，是半风险资产，即风险权重为 50% 的资产；最后，是风险权重为 1 的全风险资产。

① 2009—2013 年，我国银行业金融机构的同业资产和同业负债分别增长了 246% 和 236%，远高于同期商业银行贷款和存款的增速。快速增长的同业业务加深了银行体系的内部关联，容易引起“交叉性风险传染”，已经成为我国银行业系统性风险的重要结点（郑联盛，张明，2014）。

表 2.4　巴塞尔协议规定的资本充足率分子和分母内容

协议	资本构成	风险构成	比率要求
巴塞尔Ⅰ	商业银行的监管资本包括核心资本和附属资本。核心资本其实就是一级资本，而附属资本是除了核心资本以外的其他资本，主要包括次级长期债券、资产重估准备和混合资本工具等	根据风险的大小，资产可以分为四类。第一类，无风险资产，这种资产的风险权数为0；第二类，低风险资产，这种风险资产的权数为20%；第三类，半风险资产，这种资产的风险权数为50%；第四类，全风险资产，这种资产的风险权数为100%。在银行资产体系中，低风险的资产主要包括政府债券，还包括银行发行的债券，因为这些机构所发布的债券发布机构一般具有较高的稳定性，所以风险较小。半风险资产主要包括抵押贷款。全风险资产主要是一些企业或者个人贷款。还规定了商业银行对非经济合作与发展组织（organization for economic cooperation and development，OECD）的资产的风险权数都是100%	附属资本/总资本<50%；监管资本/风险资产>8%
巴塞尔Ⅱ	与巴塞尔协议Ⅰ基本相同	巴塞尔协议Ⅱ对风险资产的划分也做了很好的补充，在风险资产四个类别的基础上，重新添加了150%的风险资产，这类资产的主要特点是强调了一些逾期的贷款，主要表示这类贷款的高风险性，这样，风险资产就有五个类别：0、20%、50%、100%、150%。在巴塞尔协议Ⅱ中，对一些资产的风险性也重新做了划分，对于企业的债券，一些信用等级较高的企业债券，其风险资产的权数为20%；一些信用等级较低的企业，它的企业债券的风险权数为150%	资本充足率=资本/风险加权资产=资本/[信用风险加权资产+(市场风险的资本要求+操作风险的资本要求)×12.5]>8%
巴塞尔Ⅲ	严格资本扣除限制。对于少数股权、商誉、递延税资产、对金融机构普通股的非并表投资、债务工具和其他投资性资产的未实现收益、拨备额与预期亏损之差、固定收益养老基金资产和负债等计入资本的要求有所改变	扩大风险资产覆盖范围。提高“再资产证券化风险暴露”的资本要求、增加压力状态下的风险价值、提高交易业务的资本要求、提高场外衍生品交易和证券融资业务的交易对手信用风险的资本要求等	一级资本充足率>6%；核心一级资本充足率>4.5%；逆周期缓冲资本/核心一级资本∈(0~2.5%)

分子方面，巴塞尔资本协议对商业银行的资本构成做出了详细说明。银行的资本分为核心资本（一级资本）和附属资本两大类，前者主要包括实收资本和公开储备；后者主要包括，未公开储备、资产重估准备、普通贷款损失准备金、长期次级债、混合资本工具。我国银监会2004年出台的《商业银行资本充足率管理办法》与巴塞尔协议的规定相一致，规定商业银行的监管资本包括核心资本和附属资本。核心资本包括实收资本或普通股、资本公积、盈余公积、未分配利润和少数股权。附属资本包括重估储备、一般准备、优先股、可转换债券、混合资本债券和长期次级债券。此外，巴塞尔协议还对资本的结构进行了详细的规定，包括附属资本不能超过总资本的一半，核心资本中长期次级债占比不能超过1/2等。

监管要求方面，巴塞尔协议和我国新资本监管协议对资本充足率的要求如表2.5所示。

表2.5　　巴塞尔协议和我国新资本管理办法的要求

<table>
<tr><th colspan="3">项目</th><th>原规定（%）</th><th>巴塞尔协议Ⅲ要求（%）</th><th>新资本办法要求（%）</th></tr>
<tr><td rowspan="8">资本要求</td><td rowspan="3">最低资本要求</td><td>核心一级资本</td><td>4</td><td>4.50</td><td>5</td></tr>
<tr><td>一级资本</td><td>—</td><td>6</td><td>6</td></tr>
<tr><td>总资本</td><td>8</td><td>8</td><td>8</td></tr>
<tr><td rowspan="3">其他指标要求</td><td>储备资本</td><td>—</td><td>2.50</td><td>2.50</td></tr>
<tr><td>逆周期资本</td><td>—</td><td>0～2.5</td><td>0～2.5</td></tr>
<tr><td>系统重要性银行附加资本</td><td>—</td><td>1～3.5</td><td>1</td></tr>
<tr><td rowspan="2">总资本要求</td><td>系统重要性银行</td><td>11.50</td><td>11.5～14</td><td>11.50</td></tr>
<tr><td>非系统性重要银行</td><td>10.50</td><td>10.50</td><td>10.50</td></tr>
<tr><td colspan="2" rowspan="2">过渡期安排</td><td>起始</td><td>—</td><td>2013年</td><td>2013年</td></tr>
<tr><td>结束</td><td>—</td><td>2018年底</td><td>2018年底</td></tr>
</table>

二、商业银行资本结构的决定因素

（一）商业银行资本结构决定的理论研究

由于商业银行资本结构体现为资本充足率这一监管指标，因此在探讨商业银行资本结构的决定因素时，学者们最先考虑的就是资本监管对银行资本结构的影响，如果最低资本充足率标准定为8%，那么商业银行一定有动力将资本充足率调整至8%及8%以上，否则其将受到来自监管当局的惩罚。米什金（2000）将这一朴素的思想写入教科书“银行持有资本，是因为监管当局要求他们必须这样做。由于保持监管要求的资本成本较高，银行经理往往只愿意持有少于监管当局规定的资本。在这种情况下，银行持有资本的数量由监管资本要求决定”。

但是，即便承认资本监管对商业银行资本充足率具有影响，也不意味着资本监管是唯一重要的因素。事实上，商业银行的资本充足率很少遵循米什金（2000）的“资本充足率紧约束”论断，而是普遍地超过最低要求，形成了资本缓冲，因此，必然存在监管要求之外的力量可以影响银行的资本充足率。例如，格林洛、哈齐乌斯和卡什亚普（Greenlaw，Hatzius & Kashyap，2008）指出，商业银行并非基于监管约束来调整其资本结构，而是更关注自身的在险价值（value at risk），根据自身风险调整资本结构。

如果暂不考虑监管因素的影响，该如何解释商业银行的资本结构问题呢？一个最朴素的想法就是，借鉴一般工商企业资本结构决定理论，来分析商业银行的资本结构问题。克莱因（Klein，1971）率先将一般工商企业资本结构理论引入商业银行领域，从而开创了银行类企业理论（theory of banking firm）。克莱因认为一般工商企业和商业银行之间虽然存在区别，但是二者的经营目标均是利润最大化，因此在研究方法上有诸多相似之处。

首先，考虑经典的MM理论是否适用于商业银行资本结构问题。米勒（1995）对这一问题给出了模棱两可的回答，即适用，也不适用。表面上看，商业银行和一般工商企业均是赚取产出与投入之间的差价，即银行的投入是存款，产出是贷款，盈利来源主要在于存款贷款之间的利差；一般工商企业投入原料，生产产品，赚取的是收入扣除成本后的余额。但从此处的相似性来看，商业银行的资本结构也属于MM理论的作用范围内。由于银行的储蓄存款源自社会上分散的储户，并且存款具有较强的灵活性，导致商业银行对存款的定价能力较弱，很大程度上是被动地接受存款，因而对负债管理的余地较小，这可能导致商业银行与侧重资本成本管理的一般工商企业的资本结构决定机制出现较大差异，MM理论也因此在这个意义上失去效力。

其次，鉴于目前大多学者认同资本结构的权衡理论，因此借鉴权衡理论的分析思路也常见诸商业银行资本结构理论中。[①] 从银行经营所遵循的“三性原则”来看，权衡理论同时考虑了盈利性和安全性，即股权融资过多会降低盈利能力，偏少则会增加受到监管惩罚、陷入经营困境的可能性，因此商业银行应该根据自身的经营状况，自主地选择股权融资的比例。换言之，影响银行资本结构的根本性因素，不在银行之外的资本监管，而在银行自身。卡列肯和华莱士（Kareken & Wallance，1978）将权衡理论应用于商业银行资本结构，一方面，由于商业银行业准入管制导致银行存在垄断势力时，规模越大的商业银行越能获得超额利润。在给定的自有资本数量下，负债（储蓄存款）越多，规模越大，利润越多，而银行自身的价值也就越高；另一方面，过度依赖负债必定会导致银行自身破

① 如果借鉴融资优序理论，也会得出商业银行资本充足率应恰好满足监管要求的结论。按照这一理论，一般工商企业遵循先负债融资后股权融资的顺序，而商业银行似乎更有理由采取这种融资顺序，因为广泛存在的存款保险制度以及显性或隐性的政府担保，商业银行负债融资的成本很低，例如，在存在利率管制的国家，银行存款利率甚至可以作为某种基准利率；而银行发行次级债时，获得的评级也相对较高，因而收益率较低。相比之下，股权融资的成本则要高很多。如果按照融资顺序，必然尽量少使用股权融资，而考虑到法定资本充足率要求的存在，银行的实际资本充足率应当恰好满足最低要求。

产可能性的增加。因此，商业银行需要权衡负债的利弊，这与一般工商企业资本结构的权衡理论如出一辙。科恩和圣梅罗（Koehn & Santomero，1980）则从传统的负债融资具有税盾效应和付息压力出发指出，一方面，商业银行负债（吸收存款）的利息因为可以加入经营成本而在税前扣除，从而具有税盾效应。[①] 另一方面，对过多依赖存款对商业银行的经营活动提出了更高的要求，因为存款到底对还本付息的压力较大，导致银行破产可能性更高。这也是权衡理论在商业银行资本结构领域的直接应用。

新资本结构理论强调信息不对称对资本结构形成的影响。尽管商业银行本身作为间接融资的桥梁有助于缓解分散的资金供给方和资金需求方的信息不对称，但其内部也存在信息不对称及因此导致的委托代理问题，包括股东和经理人之间的代理问题和债权人和股东之间的代理问题，两类代理问题均有可能影响银行的资本结构。其中，股东—经理人委托代理问题中，尤其值得注意政府作为银行大股东和经理人目标不一致导致的问题。拉波塔和扎马里帕（La Porta & Zamarripa，2002）统计了全球范围内商业银行股权结构中政府所占比例，发现政府占比高达41.6%，而政府作为银行的大股东有其自身的发展目标和战略规划，可能与银行经理人的目标不同，这种代理成本必定会反映到银行的资本结构上。

（二）商业银行资本结构决定的实证研究

已有文献大多接受权衡理论可以解释银行资本结构的观点，因此也尝试使用解释一般工商企业杠杆率的因素来解释银行的资本充足率。具体而言，商业银行资本结构的主要影响因素可以分为宏观经济环境层面和微观银行个体层面。宏观层面的影响因素包括经济周期、货币政策环境、通货膨胀水平、资本市场发展水平、政府监管及担保和银行业市场竞争环境等；微观层面的影响因素则主要有银行规模、盈利能力、成长性、所得

① 相比之下，以发行股票的方式筹集资金意味着未来现金股利的增加，而现金股利需要交纳企业所得税，因此成本更高。

税、资产风险状况和资本补充成本等因素。

1. 宏观经济层面的各类影响因素

经济周期对银行资本结构的影响在关于资本缓冲周期性的文献中得到了充分的讨论。经济周期对银行资本缓冲的影响渠道主要有两条，一是经济周期改变了银行资产的风险状况。在经济上行时期，商业银行资产质量较好，由于银行家的短视，此时会低估信贷风险，并准备较低水平的资本缓冲，由此导致了商业银行资本缓冲的顺周期性；二是经济周期还会改变银行的风险承担态度，银行家在经济上行阶段发现企业信贷需求旺盛、银行利润上涨速度较快，会对信贷投放持过度乐观的态度，此时保留较多的资本缓冲无疑会限制信贷投放能力，也会促使银行家“轻装上阵”，资本缓冲具有顺周期性。相反，当经济处于下行阶段甚至陷入萧条或衰退时期时，银行风险开始暴露，银行家也不复乐观，此时为避免存款人因银行偿债能力质疑而出现挤兑，银行会尽量提高资本缓冲，发送自身财务稳健的信号。

商业银行本身就是货币政策传导链条上的重要环节，货币政策调整自然而然地会影响商业银行的资本结构。可以借助货币政策传导理论中与商业银行密切相关的银行信贷渠道来分析货币政策对银行资本结构的影响。银行信贷渠道可以表示为：（宽松的）货币政策工具→M（货币供应）→D（银行存款）→U（银行贷款）→I（投资）→Y（总收入）。既然货币政策工具可以影响商业银行的贷款供给，而贷款供给会通过影响风险资产总量和结构，从而影响资本充足率，因此货币政策也会对银行的资本结构造成影响。

通货膨胀是一个与经济周期和货币政策均密切相关的宏观经济现象。由于商业银行和储户签订的债务契约（存款契约）往往不能及时反映通货膨胀的变化，而其与借款者签订的贷款契约中往往会对通货膨胀问题做出安排，并且灵活性较强。如此一来，作为资金中介的商业银行，在通货膨胀时，一方面，能有效节约存款成本；另一方面，又没有降低贷款收益，因此银行的理性选择往往是扩大存款规模和总资产规模，在权益资本总量不变的情况下，这意味着其杠杆率将会上升。

资本市场的发展关乎各个融资主体的融资选择和资本结构。对于企业而言，股票市场和债券市场的发展将有利于其直接融资，但最终对资本结构产生的影响还依赖于企业新增的融资中，权益融资和负债融资各自所占的比例。对于商业银行也不例外，随着银行次级债市场的扩大和其他融资方式的出现，商业银行的资本补充渠道也有所拓宽，银行补充资本的成本得以降低，会产生提高银行资本充足率的效果。

政府对商业银行风险的态度和监管措施也会影响银行的资本结构。商业银行在现代国民经济运行中居于举足轻重的重要地位，尤其在我国间接融资为主、居民资产配置中储蓄存款占比较高的情况下，任何一家银行陷入困境甚至破产所带来的都将不仅是经济问题。因此，商业银行的经营或多或少地受到政府的隐性担保，对此商业银行也是心知肚明，这就可能为银行的道德风险提供土壤。一方面，通过投资风险资产追逐收益；另一方面，出现问题后由政府处理，这可能会弱化银行家的风险管理意识，从而对银行的资本充足性产生不良影响。当然，政府对此不会放任不管，而是会通过设定监管标准降低商业银行的道德风险问题，其中资本充足率监管就是一项重要的国际性的银行业监管规定。结合前述分析可知，最低资本充足率的提高可能不会影响资本缓冲水平，但是一定会对银行的资本充足率水平产生影响。

银行业的市场竞争也会对商业银行的资本结构产生影响，这与一般工商企业资本结构理论中后资本结构理论里的产业组织一派是一致的。正如对产品市场竞争与企业资本结构的关系尚未明确的实证结论，但对商业银行而言，贷款竞争、存款竞争等竞争行为对银行的影响也有“竞争—稳健性”和“竞争—脆弱性”两种观点。例如，贾亚拉特和斯特拉汉（Jayaratne & Strahan，1998）的实证研究均发现，提高银行竞争度会降低银行风险；而基利（Keeley，1990）、叶亚提和米科（Yeyati & Micco，2007）的实证研究却认为，提高银行竞争度会提高银行风险。

2. 微观层面的各类影响因素

在一般工商企业资本结构的众多决定因素中，企业规模是为数不多、比较稳健的影响资本结构的微观变量，一般情况下，企业规模越大，杠杆率越高。那么，对商业银行而言，是否也存在类似的结论呢？对此问题不能一概而论。如果从风险承担视角考虑，将较高的资本结构看成是风险承担水平低的表现，那么在研究中对银行规模和风险承担之间的关系并无定论，[①] 一方面，较大的规模可能通过“大而不倒”引致的道德风险和市场约束弱化导致银行风险承担上升，但另一方面，银行规模可以通过影响自身风险管理能力、外部监管强度、贷款客户构成和融资成本水平，进而改变其银行风险承担水平（张琳，廉永辉，2014）。

盈利能力对银行资本结构的影响可以从两方面加以分析，一方面，盈利能力影响商业银行加杠杆的意愿。众所周知，财务杠杆是企业经营成果的放大器，当银行盈利能力较强时，提高负债率有助于获得更大财务回报，因此，盈利能力较强的银行杠杆率较高；另一方面，银行盈利能力强意味着其用于补充资本的“弹药”较为充足，即内源式资本补充较为方便，这又会起到强化银行资本、降低银行杠杆率的效果。此外，在对银行盈利能力的具体衡量方法上，如果使用净资产回报率（ROE）而非总资产回报率（ROA），还会面临另外的问题，即ROE不仅包含了盈利能力的信息，还包含了资本成本的信息，而资本成本较高显然不利于银行提高资本充足率。

商业银行资产的风险状况也对资本结构有重要影响。为了追求安全性和盈利性的平衡，商业银行会主动对自身风险状况作出调整，当资产风险较大时，会选择较高的资本水平以应对可能出现的不利情况。当然，银行的资本充足率也是内生于资产风险的，较大的风险是否一定对应较高的资

---

① 张雪兰和何德旭（2012）在研究货币政策对银行风险承担的影响时，发现银行总资产规模与银行风险承担之间存在着显著的负相关关系；张宗益等（2012）对商业银行价格竞争和风险承担关系的研究则发现，银行规模扩大有助于控制整体经营风险，但对信贷风险无明显影响；此外也有文献认为银行风险水平和自身规模之间不存在明显关联（牛晓健，裘翔，2013）。

本充足率，最终取决于资本补充额与风险增加额之间的比例。

在已有文献中，典型的跨国研究如格罗普和海德（2007）使用1991—2004年美国和欧盟15个国家200家最大的上市公司为样本，发现影响非银行企业资本结构的因素在解释样本银行资本结构时表现良好，并且资本监管和存款保险制度并未对银行资本结构产生显著影响。奥克塔维亚和布朗（Octavia & Brown，2008）使用1996—2005年10个发展中国家56家上市银行样本的研究也得出了类似的结论。布鲁尔、考夫曼和沃尔（Brewer，Kaufman & Wall，2008）则基于1992—2005年12个发达国家中78家最大的民营商业银行样本，发现资本监管具有一定的解释力，但银行微观特征的解释能力更强。除跨国研究外，针对特定国家或地区银行体系资本结构的研究也不在少数（Wong et al.，2005）。上述研究中，虽然某些银行微观特征因素与资本充足率的关系不稳定，但总体而言，微观特征因素集合具有较好的解释力。

三、商业银行资本结构的调整方式

将权衡理论应用于商业银行的资本结构，实际上承认了银行存在目标资本充足率或最优资本充足率。而当实际资本充足率与目标资本充足率存在偏差（资本充足率缺口）时，商业银行会采取调整措施。从调整内容来看，资本充足率为监管资本（regulatory capital，RC）与风险加权资产（risk weighted assets，RWA）之比，因此商业银行可以通过分子策略或分母策略调整资本充足率。分子策略调整的对象是银行资产负债表的右边部分，即通过发行或赎回各类核心资本以及附属资本工具改变银行资本总额；分母策略调整的对象则是银行资产负债表的左边部分，即通过增减资产规模或在不同风险等级资产间进行调配（reshuffle）改变银行风险加权资产。以商业银行实际资本充足率低于目标资本充足率的情况为例，其选择可以是补充资本，也可以是降低风险加权资产，或二者同时进行。

分母策略方面，由于贷款构成了银行风险资产的最主要部分，因此主要涉及银行资本和信贷供给的关系。早期文献如汉考克、梁和威尔科克斯（Hancock, Laing & Wilcox, 1995）利用VAR方法较早探索了银行资本缺口对资产负债表的影响，共涉及证券投资、各类贷款、权益资本等九项内容，但作者仅采用样本期内杠杆率均值与上期总资产之积作为银行当期的目标杠杆率，衡量方法过于粗糙。金融危机后，金融部门对实体经济的影响渠道受到广泛关注，银行资本与信贷的关系成为一个研究热点，一些学者借鉴汉考克、梁和威尔科克斯（1995）的思路从资本缺口的角度进行研究并将考察对象拓展至更多的资产负债表项目。同时，计量经济理论的发展尤其是对动态面板数据处理方法的进展使得当前学者可以借助局部调整模型测算银行目标资本结构，并利用动态面板模型取代VAR模型进行计量分析，从而进一步发展和完善汉考克、梁和威尔科克斯（1995）的研究。主要文献如伯罗斯皮德和埃奇（Berrospide & Edge, 2010）基于美国大型银行持股公司的数据发现，资本缺口对银行信贷投放影响较小。莫林和托伊瓦宁（Maurin & Toivanen, 2012）则利用欧元区国家的银行业样本研究了资本缺口对银行信贷资产和证券资产的影响，发现当资本充足率低于目标水平时银行会显著减小信贷投放和证券持有，并且证券资产减少幅度更大。

分子策略主要涉及银行如何利用各类渠道补充资本。弗朗西斯和奥斯本（Francis & Osborne, 2012）发现存在资本充足率缺口时银行会补充总资本和一级资本；沙德鲍尔（Schandlbauer, 2014）的实证研究包括普通股、优先股、优先债、次级债、信托优先证券等项目对资本充足率缺口的反应，结果发现监管压力不同的银行调整行为存在差异，如出现资本短缺时，资本缓冲较低的银行很少发行信托优先证券，而资本缓冲较高的银行则恰恰相反；克里斯托弗和舍彭（Christoffer & Schepens, 2013）涉及的项目包括核心资本、股权资本、留存收益，并分别考察了资本缺口正负不同的银行以及离目标资本远近不同的银行的行为差异。

值得注意的是，商业银行不仅会对内部资本压力（实际资本充足率与目标资本充足率发生偏离）做出调整，还会对外部压力或监管压力（实际资本充足率低于法定资本充足率）做出反应，并且所用的策略无外乎分子策略和分母策略两种。相当一部分文献考察了监管压力下银行资本结构的调整问题，对本书的研究具有较强的借鉴意义。研究监管压力和银行资产负债表调整的文献主要有以下三类内容。①

第一，监管压力和商业银行的资产调整。基于不同国家银行样本的研究发现资本监管制度实施会促使银行显著减少信贷投放，但资本充足率较高的银行信贷投放相对更多（Furfine，2001；Nag & Das，2002；吴玮，2011）。原因在于信息不对称的存在使银行通过资本市场获取融资较为困难，因而只好采取降低高风险资产的方法满足监管要求，但资本充足性较高的银行面临的监管压力较低，因而受影响也相对较小。②

第二，监管压力和商业银行的资本调整。一些学者研究了监管压力对银行资本增长的影响，得出不同结论（Mingo，1975；Dietrich & James，1983）。另一些学者则从具体融资方式的角度开展研究，伊藤和佐佐木（Ito & Sasaki，2002）发现长期经济衰退使日本商业银行面对监管压力时，难以通过增发股票补充资本，从而更依赖于次级债和混合资本债融资；李维安和王倩（2012）则基于中国银行业的研究发现，银行在选择外部融资方式上，更倾向于采取股权融资，只有当面临的监管压力较小时，才更多采用债券融资。

第三，监管压力与商业银行资本和风险的共同调整。施莱文和达尔（Shrieves & Dahl，1992）构建了资本约束下银行资本与风险的部分调整框架，包含一个银行资本与风险相互影响的联立方程，资本监管是两个单方程共同的解释变量。之后学者借鉴这种实证模型开展了广泛研究，其中一些研究发现监管压力会促进资本增长并降低银行风险（Jacques & Nigro，1997）；另一些研究则发现银行主要调整的是资本比率而非风险水平，监

① 现有实证文献主要以资本充足率、资本缓冲（实际资本充足率与监管要求之差）、表征资本充足率处于某一压力范围的虚拟变量等方式衡量监管压力（李维安，王倩，2012）。

② 此外，研究货币政策的信贷渠道的文献发现，资本充足率较高的银行面对紧缩性货币政策时信贷投放减少较小（Kashyap & Opiela，2000）。

管压力对银行风险行为没有显著影响（Roy，2008）。

如前所述，由于银行层面、宏观经济层面的各类冲击，实际观测到的资本充足率与银行目标资本充足率之间往往存在差异。在无摩擦的理想环境中，商业银行可以通过调整资本或风险加权资产立刻达到目标资本充足率，但现实中调整成本的存在使得资本充足率缺口的缩小和消失需要一定的时间。尤其是当调整成本较高时，商业银行的资本充足率可能长期处于次优水平（Flannery & Rangan，2006）。银行资本结构的调整速度快慢由此成为学者关注的一个重要问题。

现有文献主要考察了银行微观特征、金融监管环境和宏观经济环境等因素对银行资本结构调整速度的影响。博格（Berger，2008）基于美国银行业的研究发现，银行的资本调整速度与其所受监管压力呈倒“U”形关系：资本充足率不达标或刚刚达标的银行资本调整速度快于资本缓冲较高的银行，但是陷入财务困难、受严重监管压力的银行资本调整的速度比较慢。梅梅尔和劳帕赫（Memmel & Raupach，2010）基于德国银行业的研究发现，私人银行比国有银行及合作银行拥有更快的资本调整速度。德琼格和奥兹特金（De Jonghe & Oztekin，2013）基于64个国家商业银行的研究发现处于资本监管越严格、金融监管越完善、资本市场越发达、通货膨胀率越高的国家的银行，资本调整速度越快。总之，调整成本低、调整收益高的情况下，银行资本充足率调整加快，这与一般工商企业是相同的。国内研究商业银行资本结构调整速度的文献较少，目前掌握的文献中仅发现何靖和杨胜刚（2014）基于我国2001—2012年152家银行数据研究了银行核心资本调整的特征和股权结构在其中所起的影响，其主要发现包括：我国商业银行具有目标核心资本充足率；商业银行核心资本充足率的调整具有非对称特征，降低资本充足率的速度快于增加资本充足率；产权性质影响银行资本充足率的调整，国有控股比例越高的商业银行其资本充足率调整的非对称性越不明显。

四、商业银行资本结构的周期性

2008 年金融危机之后，宏观审慎的监管理念获得了广泛认同。宏观审慎监管关注横向（金融机构之间的相关性与同质性而产生的共同风险敞口问题）与时间（金融体系内在的顺周期特征）两个维度。就其时间维度而言，商业银行顺周期性问题尤为值得关注。在商业银行领域，顺周期问题主要体现为信贷顺周期和资本缓冲顺周期。

所谓信贷顺周期，即经济上行阶段银行因借款者资产负债表好转和自身风险偏好上升而贷放出更多、期限更长的贷款，助长了经济热度；而当经济运行转弱时，实体经济衰退反映为银行坏账率上升，此时商业银行自然会有严重的惜贷倾向，加剧了经济萧条。资本缓冲顺周期问题与信贷顺周期密切相关。从字面上看，资本缓冲顺周期似乎仅是描述银行资本缓冲随经济周期的变化行为，但实际上，资本缓冲的积累和释放会影响银行信贷供给意愿和供给能力，因此也会间接地对经济运行产生作用。如果商业银行资本缓冲的调整行为带来了信贷的顺周期性调整，那么可以认为存在资本缓冲顺周期性。由此可见，分析资本缓冲周期性，必须考虑资本缓冲和信贷之间的关系，这也是本书在后续实证分析中所遵循的法则。

（一）银行信贷周期性的研究梳理

鉴于资本缓冲周期性和银行信贷周期性之间的密切关系，为了更好地理解资本缓冲周期性，首先回顾银行信贷周期性方面的文献。目前为止，国内外学者对银行信贷的周期性已经进行了大量的实证研究。国外文献中，比克和胡（Bikker & Hu，2001）基于 26 个经济合作与发展组织（organization for economic co-operation and development，OECD）成员国家的研究表明，银行利润和信贷规模在经济上行期都会增加，在经济下行期都会减少。萨拉斯和索纳（Salas & Sauina，2002）基于西班牙银行业的数据发现，经济繁荣期，银行会扩张信贷或者放松审查标准；经济下行期，坏账迅速累积，导致大量损失。此外，科菲内等（Coffinet et al.，2011）针对法国银行业的研究也得出信贷顺周期的结论。

国内学者对我国银行信贷的周期性存在一定分歧。一些学者认为我国信贷存在明显的顺周期现象。冯科等（2012）利用VEC模型及谱分析技术对我国1998—2011年国内生产总值和信贷总额进行分析，发现GDP周期成分上升会给信贷带来显著的持续正向冲击。于震等（2014）利用HP滤波和BBQ算法对我国1992—2013年金融机构人民币贷款总额和GDP增长率的季度数据进行了相关性分析，结果显示中国信贷周期和经济周期呈现显著的正相关性。一些学者认为我国银行信贷呈现明显的逆周期特征。潘敏和张依茹（2013）基于我国32家商业银行2003—2011年数据的研究显示，宏观经济波动对银行信贷增速的长期弹性系数为负。黄宪和熊启跃（2013）基于我国45家商业银行2000—2010年的年度非平衡面板数据的研究也得出相同结论。还有一些学者认为我国银行信贷的周期性具有时变特征。陈昆亭等（2011）运用周期滤波方法分析了1991—2010年中国GDP和信贷余额的季度数据，发现信贷短期波动部分除少数阶段外均呈现顺周期特征，而中期趋势在次贷危机后和GDP显著背离。金雯雯和杜亚斌（2013）运用时变参数VAR模型分析了中国信贷2000—2012年间的周期性，发现中长期贷款的顺周期效应强于短期贷款，短期贷款在金融危机后表现出明显逆周期性。综合以上分析，不同文献结论结果不同，可能与数据类型、样本选择、分析方法有关，不过相对于信贷是否为顺周期，一个更为重要的问题是银行信贷顺周期背后的成因。

现有文献主要从以下几个方面探究了银行信贷顺周期的影响因素，第一，企业抵押品价值。在信息不对称的情况下，抵押品有助于企业提高外部融资的可得性。经济上行期，企业资产负债表改善，抵押品价值上升，更易获得信贷；经济下行期，企业资产负债表恶化，抵押品价值下降，信息不对称的存在使得优质借款人都很难从企业获得贷款。第二，银行短视行为。金融市场参与者在整个经济周期中对风险的系统性认知偏差会引发顺周期行为。经济繁荣期，银行对企业经营状况过于乐观，导致信贷标准降低，许多负净现值项目也能获得融资；经济衰退期，不良贷款增加，银行信贷政策过于保守，许多正净现值项目也被拒贷。行为金融学从灾难短视、羊群行为、制度性记忆假说等方面对银行的风险认知偏差进行了更为深入的剖析。第三，资本监管。在以内部评级法为代表的风险度量模型下，信用风险权重逆周期变化。因而经济上行期，资本监管对信贷供给约束较松，容易造成信贷过度扩张；经济下行期，资本监管压力增大，银行不得不缩减信贷投放。此外，还有学者从银行业市场竞争、公允会计准则、贷款损失准备金周期性等方面解释信贷顺周期现象。

我国学者对国内信贷周期性也有一些相关解释。于震等（2014）将其发现的信贷顺周期现象归因为利差保护和隐性政府安全网下的银行放贷冲动，以及微观审慎监管模式。潘敏和张依茹（2013）、黄宪和熊启跃（2013）则将其发现的信贷逆周期现象归因为我国商业银行需要在宏观经济调控中承担一定的逆周期调控职责。综合可知，目前文献对银行融资来源和结构对信贷顺周期的影响关注不足。

（二）资本缓冲周期性的研究梳理

危机发生前银行宽松的信贷条件和危机发生后的紧缩贷款行为加剧了宏观经济的波动，并延长了经济衰退时间。在反思巴塞尔协议Ⅱ资本充足率监管的基础上，巴塞尔协议Ⅲ提出将资本缓冲作为一种逆周期监管工具。商业银行资本缓冲是指其实际资本充足率与一国监管当局所要求的法定资本充足率之间的差值。执行逆周期资本缓冲要求，可以使商业银行在经济上行（下行）时持有更多（少）的资本，从而限制（鼓励）其信贷供给，由此平滑银行信贷的周期性波动。

逆周期资本缓冲作为一种监管规则实施强制性要求，与商业银行根据自身经营状况所自主持有的资本缓冲并行不悖。以我国为例，截至 2012 年底，我国银行业平均资本充足率为 13.25%，509 家商业银行的资本充足率全部超过了 8% 的监管要求。2012 年我国尚未实施要求计提逆周期资本缓冲的新《商业银行资本管理办法》，这意味着 2012 年我国商业银行普遍持有正的资本缓冲。那么，在引入逆周期资本缓冲要求之前，我国商业银行的自主性资本缓冲是否具有顺周期特征？一方面，顺周期的自主性资本缓冲加剧了银行贷款供给的顺周期性，从而凸显了逆周期资本缓冲要求的必要性。但如果自主性资本缓冲本身就是逆周期的，强制性的逆周期资本缓冲与自主性的逆周期资本缓冲相叠加，有可能出现经济上行阶段商业银行无法满足实体经济信贷需求，而下行阶段放贷数量又超过实体经济所需的情况，从而降低信贷资源的跨期配置效率。因此，回答上述问题有助于评估当前逆周期资本缓冲政策的有效性，并为设计逆周期资本缓冲政策实施标准和细则提供一定的借鉴。

需要指出的是，目前不同学者对于资本缓冲的周期性理解的差异性。例如，张宗新和徐冰玉（2011）认为产出缺口和资本缓冲正相关是资本缓冲顺周期的表现，但李文泓和罗猛（2010）则将资本充足率和经济增长速度的负相关关系视为资本缓冲顺周期的证据。显然二者对顺周期的理解恰好相反，前者着眼于资本缓冲水平的时序变化，经济上行阶段资本缓冲上升，所以是“顺周期”。而后者则着眼于资本缓冲带来的经济效果，当经济上行时，资本缓冲降低，进一步刺激了银行的放贷并产生扩张效果，也是“顺周期”。相比之下，后一种理解更为符合宏观审慎监管所要应对的“顺周期”定义（顺周期性是指时间维度上，金融体系与实体经济形成的动态的正反馈机制放大繁荣和萧条周期，加剧经济的周期性波动，并导致或增强金融体系的不稳定性）。仔细梳理这一顺周期定义的逻辑链条，可以发现要想证明资本缓冲的周期性，需要满足两个条件（Coffinet et al.，2011）一个条件是资本缓冲随着经济周期发生改变，如经济上行时资本缓冲降低。但这仅是资本缓冲产生顺周期效果的必要条件。另一个重要的条件要求资本缓冲对银行信贷供给产生影响，如资本缓冲下降将刺激银行信贷扩张。目前，针对中国银行资本缓冲周期性的研究中，多数文献将“银行资本缓冲越高则信贷供给越少，从而对经济活动产生紧缩效应”作为默认成立的前提（Fonseca et al.，2010），只有黄宪和熊启跃（2013）、梁琪和党宇峰（2013）同时考虑了资本缓冲顺周期成立的两个条件。黄宪和熊启跃（2013）发现，一方面，经济周期上行时银行资本缓冲增加；另一方面，资本缓冲增加显著降低了银行信贷增速，因此资本缓冲呈“逆周期性”。梁琪和党宇峰（2013）则发现只有大型银行资本缓冲才能同时满足的“逆周期性”的两个条件。值得注意的是，上述研究仅考虑了与银行一般资本充足率相对应的一般资本缓冲的周期性，而没有对于银行核心资本充足率相对应的核心资本缓冲的周期性问题进行研究。

在明确了商业银行资本缓冲周期性的真实内涵后，本节将分别综述经济周期对资本缓冲的影响和资本缓冲对银行信贷的影响。

（1）经济周期对资本缓冲的影响。巴塞尔协议Ⅱ开始执行后，人们意识到监管措施内生的顺周期性问题，开始注意银行资本缓冲的周期性变动。现实中银行对贷款的内部评级往往基于当期和过去的经济状况（Catarineu et al.，2005），且计算违约概率时对宏观因素的考虑不够，从而导致银行在经济上行阶段低估信贷风险，基于此作出的资本缓冲决策是短视性的。相比之下，具有前瞻性、注重长期风险控制的银行应该选择在经济上行、贷款增加阶段建立更高的资本缓冲水平，以便经济下滑阶段吸收实际发生的贷款损失（Borio & Lowe，2004）。由此可见，经济周期对资本缓冲时序的影响模式取决于银行是前瞻性的还是短视性的（Stolz & Wedow，2005；Karmakar & Mok，2015），因此不同银行之间存在较大差异。

梳理国外实证研究发现，不同国家银行业资本缓冲周期性变化规律不同。约基普和米尔恩（Jokipii & Milne，2006）对欧盟银行业1997—2004年资本缓冲决定因素的研究表明，2004年新加入欧盟的成员国（塞浦路斯、捷克、匈牙利等10国）与欧盟老成员国（丹麦、瑞典、英国等15国）不同，其资本缓冲与经济周期成正相关关系。方塞卡和冈萨雷斯（Fonseca & Gonzalez，2010）使用70个国家银行业数据的研究表明，其中7个国家银行资本缓冲与经济周期呈显著负相关关系，5个国家资本缓冲则与经济周期显著正相关，其余58个国家二者关系并不显著。不仅如此，即使同一国家中，不同类型的银行的资本缓冲随经济波动的变化不同。较早的研究阿尤索、佩雷斯和索里娜（Ayuso，Perez & Saurina，2004）应用西班牙银行业1986—2000年的面板数据发现GDP增长1%平均带来资本缓冲降低17%，并且商业银行（commercial banks）顺周期弱于储蓄银行（saving bank）。林德奎斯特（Lindquist，2004）针对挪威银行业的研究也将全样本分为储蓄银行和商业银行，发现经济增长对储蓄银行资本缓冲的负向影响更为明显。斯托尔兹和威德（Stolz & Wedow，2005）将研究对象集中于德国区域性银行中的储蓄银行和合作银行，结果表明前者资本缓冲受经济增长的负向影响更强。不过，这些研究并未就不同类型银行的这种差异性做出解释。最后，无论是跨国研究还是国别研究均发现不同规模的银行资本缓冲随经济波动变化不同。约基普和米尔恩（2006）针对欧洲银行的跨国研究表明，经济增长越快（慢），大银行资本缓冲越低（高），但小银行资本缓冲的变动趋势恰好与大银行相反。卡玛卡和莫克（Karmakar & Mok，2012）基于美国商业银行样本得出了类似的结论。综上可知，银行资本缓冲的周期性变动存在较强的银行间异质性，尤其是不同类型、不同规模的银行之间差异较大。

随着我国银行资本缓冲与经济周期的关系逐渐受到关注，但学者们在不同的研究样本和模型设定情况下对二者关系得到了不同的结论。李文泓和罗猛（2010）以我国16家上市银行1998—2008年为样本，研究结果发现银行实际资本充足率和GDP增长率呈显著负相关关系。然而，张宗新和徐冰玉（2011）基于2001—2009年我国上市银行面板数据的研究却发现，实际产出越高，上市银行资本缓冲越多，这一结论得到了蒋海等（2012）、黄宪和熊启跃（2013）的支持。但梁琪和党宇峰（2013）则基于更大的样本（87家商业银行1997—2010年的非平衡面板）发现，我国商业银行的资本缓冲整体上不具有周期性变动，但5家大型银行资本缓冲与经济增长显著正相关。这些研究采用的计量方法基本一致（均采用系统GMM估计动态面板模型），且所用样本时间长度相近（跨度均为10年左右），之所以得出不同的结论，很大原因在于不同研究样本中银行个体覆盖面不同。进一步思考可知，上述研究样本中均包含大型和股份制银行（由于大型和股份制银行的数据较容易搜集），那么样本的差异主要体现在大型和股份制银行之外的城市商业银行。由此可以推测，大型和股份制银行与城市商业银行资本缓冲随经济波动变化规律有所不同。因此，我们应注意区分不同银行样本，进行分别估计。

（2）银行资本缓冲对贷款供给的影响。资本缓冲是银行实际持有资本与监管要求的差异部分，用公式表示为：银行资本缓冲 = 银行实际资本充足率 - 监管要求的资本充足率。本次金融危机之前的文献，并未直接涉及银行资本缓冲对贷款的影响，而是对银行资本充足率和银行信贷的关系进行了广泛研究。多数文献并非直接考虑资本充足率对信贷的影响，而是关注资本充足率如何调节货币冲击对银行信贷供给的影响大小，即传统的“银行贷款渠道”和更为直接的“银行资本渠道”。银行贷款渠道依赖于银行债务市场不完美（Kishan & Opiela，2000；Kashyap & Stein，1995；Bernanke & Blinder，1988），其逻辑在于，在紧缩的货币政策下，资本充足率较低的银行被市场认为风险更高，从而不易在债务市场获得融资，因此其保护贷款资产组合的能力较低，贷款供给受到的影响较大。银行资本渠道则强调银行股权融资市场的摩擦（Den Heuvel & Skander，2001），在资本市场不完美、存在银行资产与负债的期限错配和资本充足率监管对信贷供给产生直接影响三大前提下（Gambacorta & Mistrulli，2004），市场利率增加后（紧缩的货币政策），银行因其资产负债表的期限错配问题而利润下滑，进而可能侵蚀资本。如果发行新股的成本过高，银行只好通过降低贷款从而降低资本充足率的分母部分来达到最低资本充足率要求（Bolton & Freixas，2000）。

总之，目前文献对银行资本结构的研究集中于银行资本结构的决定和银行资本结构的动态调整（包括调整方式、调整速度和周期性特征）两方面。其中，国内学者对资本缓冲周期性研究较多，而较少涉及银行资本结构的决定、银行资本结构的调整速度、资本结构的调整方式等内容。因此，本书通过考察我国银行资本结构的动态调整，在一定程度上弥补了已有研究缺口。需要强调的是，本书研究并非简单借鉴国外相关研究，直接套用到中国银行业的现实中，而是明确地基于银行资本补充能力这一视角展开分析。鉴于既有文献并未明确提出银行资本补充能力这一概念，相关研究也较为鲜见，因此本书在下文专门探讨我国商业的资本补充能力。

第三章

商业银行的资本补充能力

本书将银行资本补充能力定义为银行补充资本的难易程度，在数量方面表现为银行实际补充的资本和意图补充的资本较为接近，价格方面表现为资本成本较低，因此资本补充能力强的商业银行在调整资本时的成本更低。本书之所以从资本补充能力角度探讨银行资本结构调整问题，首先建立在以下几点判断之上，第一，银行资本充足率调整方式中，分子策略与资本补充能力有关。其他条件不变，资本补充能力强的商业银行更倾向于使用分子策略。第二，其他条件不变，资本补充能力强的银行在调整资本充足率时面临的总调整成本较低，因而调整速度更快。第三，资本补充能力强的商业银行在经济形势良好时比资本补充能力弱的银行更能有效利用资本补充渠道，导致资本补充能力强的银行资本缓冲顺周期性较弱。在后续各部分的分析中，我们将建立数理模型，将上述判断严谨化。

第一节　我国商业银行的资本“饥渴症”

一、商业银行资本“饥渴症”的症状

本书强调资本补充能力的重要意义，主要受到我国商业银行资本“饥

渴症”这一事实的启发。资本“饥渴症”表现为银行业强烈的资本补充需求，具体表现为上市银行热衷于再融资、非上市银行热衷于上市以及符合要求的银行热衷于发行次级资本工具。

一是上市银行频发再融资补充核心资本。上市银行总资产占我国银行业总资产比例超过70%，并且上市银行再融资对股市影响较大，因此得到了各方的广泛关注，本书也将通过对上市银行再融资的分析，明确我国银行资本“饥渴症”的存在性。

2011年之前，在我国A股上市的银行共16家，按上市时间先后，这16家银行分别为：平安银行、浦发银行、民生银行、招商银行、华夏银行、中国银行、工商银行、兴业银行、中信银行、交通银行、宁波银行、南京银行、北京银行、建设银行、农业银行、光大银行。其中平安银行上市最早（1991年4月），农业银行和光大银行上市较晚（2010年7月、8月），除宁波银行在深圳中小企业板上市和平安银行在深圳主板上市外，其余均在上海证券交易所（简称上交所）主板上市。上市可以一次性为银行补充大量资本，但随着业务的快速发展，这些银行仍然经常陷入资本紧张的境地，因此一有机会就会通过各种方式进行再融资。具体而言，上市商业银行可以通过增发（包括定向增发和公开增发）和配股两类方式进行再融资。

根据国泰安数据库提供的上市公司增发配股数据统计，在上述商业银行首次公开募集后，还发生过共计31次的再融资行为。其中增发20次，具体而言，增发1次的有5家银行（中国银行、交通银行、农业银行、北京银行和民生银行）、增发2次的有3家银行（兴业银行、华夏银行和宁波银行）、增发4次和5次的均为1家银行（平安银行和浦发银行）。配股11次，其中，中信银行、中国银行、交通银行、兴业银行、南京银行、工商银行、建设银行等7家银行均配股1次，平安银行和招商银行配股2次。上市银行为何频繁再融资？答案就在增发或配股公告中。在这些公告对的募集资金用途说明部分，无一例外均出现了“补充资本金”这一原因。银行再融资的原因无一例外是为了提高资本充足率，频发的再融资侧面反映了银行资本“饥渴症”。

二是商业银行频发发行次级债补充附属资本。根据巴塞尔资本协议，银行资本不仅包括股本、资本公积和留存收益构成核心资本，还包括通过发行次级债、混合资本债等形成的附属资本。上市银行再融资有助于补充核心资本，但对附属资本没有影响。由于商业银行不仅面临核心资本充足率的约束，还受到一般资本充足率的约束，因此商业银行的资本“饥渴症”不仅表现为频繁补充核心资本，还包括频发发行次级债补充附属资本。

我国银行于2004年开始发行次级债，各年发行次级债数目和总金额见表3.1。平均而言，国有银行和股份制银行发行次级债的次数更多；从金额上来看，国有和股份制银行发行次级债金额较高，单支次级债发行面额远高于其他两类银行。

此外，我国商业银行热衷于上市也是不争的事实。目前，即国有银行和股份制银行上市后，第三波的地方商业银行上市潮即将来临，并已经形成排队上市的状况。究其动因，一方面，长远来看，地方商业银行上市可以加快改造其公司治理结构，提高风险管控水平和经营效率，从而有助于提高商业银行的盈利能力。另一方面，可能也是更重要的，地方商业银行上市还具有缓解资本“燃眉之急”的功效。随着银行业务的高速发展，很多地方商业银行在资本补充方面有较大压力，上市后地方商业银行的筹资渠道拓宽，尤其是资本金补充问题可以得到很大程度上的缓解。

表3.1　　我国商业银行次级债发行情况：2004—2015年

年度	国有商业银行		股份制商业银行		城市商业银行		农村商业银行	
	次数	金额（亿元）	次数	金额（亿元）	次数	金额（亿元）	次数	金额（亿元）
2004	7	94.39	4	22.02	0	0	0	0
2005	7	98.47	1	14	3	21	0	21
2006	5	18.60	3	13	0	0	0	0

续表

年度	国有商业银行		股份制商业银行		城市商业银行		农村商业银行	
	次数	金额（亿元）	次数	金额（亿元）	次数	金额（亿元）	次数	金额（亿元）
2007	2	125	7	12.36	0	0	0	0
2008	13	43.08	7	19.86	2	12.50	0	0
2009	16	146.9	8	24.25	10	9.10	3	15.33
2010	3	156.4	5	59.40	12	11.93	0	0
2011	6	393.3	6	47.08	18	27.19	0	0
2012	5	266	6	74.67	19	19.17	3	32.67
2013	1	2	1	15	0	0	0	0
2014	5	256	11	136.9	16	26.19	10	24.35
2015	3	146.7	22	46.77	9	6.63	1	250

资料来源：国泰安数据库2004—2015年数据。

二、商业银行资本“饥渴症”的原因

根据前述分析，不仅上市银行频频发行次级债，非上市的城商行和农商行也都广泛参与次级债发行，试图缓解一般监管资本短缺的压力。那么，哪些原因导致了我国银行的资本“饥渴症”问题？由于资本饥渴反映了银行所需资本（资本耗用）与实际获得资本（资本补充）的矛盾，本书主要强调资本补充方面的原因，在对其进行详细介绍前，应明确一些资本耗用方面的问题。

一方面，随着我国商业银行资本负债表较快的扩张，上市银行总资产和总负债年平均增长率达到15%以上的高速增长。① 对于资产快速扩张背

① 银监会2006—2011年的年报显示，2006年银行业总资产43.95万亿元，总负债41.71万亿元；2007年银行业总资产52.60万亿元，总负债49.58万亿元；2008年银行业总资产62.39万亿元，总负债58.60万亿元；2009年银行业总资产78.77万亿元，总负债74.33万亿元；2010年银行业总资产94.26万亿元，总负债88.44万亿元。自2011年5月银行业总资产达创记录的100.73万亿元，2011年8月总资产达到104.44万亿元，总负债达到97.79万亿元。

后的原因；另一方面，是因为我国金融体系中间接融资占主导地位、商业银行信贷规模只有保持较快增速才能支持宏观经济的快速发展；另外，也与银行自身外延型粗放式发展有关。在存在存贷款息差的情况下，商业银行最稳妥、方便的盈利增长来自信贷规模扩张。此外，一些城商行急于跑马圈地，异地扩张，也对银行业整体规模扩张起到推波助澜的作用。资产规模的快速扩张占用了大量资本，因而产生了补充资本的需要。

商业银行粗放的发展模式不仅导致了总量上资产负债规模的快速扩张，还导致资产结构和收入结构不合理。资产结构方面，我国商业银行贷款类资产占比最高；收入结构方面，我国商业银行利息收入占比过高，非利息收入占比过低。由于信贷类资产的风险权重较高，而中间业务风险权重较低，因此收入结构中过高的净利息收入意味着银行经营对资本存在严重依赖性，这也加剧了银行的资本"饥渴症"。

此外，从商业银行和一般企业的共性来看，商业银行尤其是上市银行频频补充资本，还可能与我国企业的过度融资倾向有关。一是时机性过度融资倾向，即企业抓住有利时机、以较低成本大量融资造成的过度融资。企业择时融资根源于融资环境不确定，由于担心未来无法再以当前的较为合意的成本获得资金，企业融资往往呈现预防性特征，通过提前融资和过度融资应对"不时之需"。我国上市公司再融资的一个主要动机就是资金储备（朱云等，2009）。上市公司股权再融资存在监管门槛，必须满足一定的条件才有可能实施增发或配股。如果上市公司因暂时没有好的投资项目而放弃了当下的再融资机会，很可能在以后需要资金时发现自己不再符合再融资条件。为避免这种情况，上市公司的理性选择是"先融资再找项目"，因而在相当长的一段时间内"几乎没有已上市的公司放弃其利用股权再融资的机会"（黄少安，张岗，2001）。二是由于公司治理问题导致的过度融资倾向。在所有权和经营权分离的情况下，虽然股东不希望看到过度融资（尤其是过度借贷）导致的资金效率低下问题，但过度融资却可能符合经理人的利益，即过度融资赋予经理人更多的可支配资源，有助于快速将企业"做大做强"，从而提高经理人的社会地位和各种货币及非货币收入。特别地，“所有者虚位”和“委托人行政化”导致国有企业中的上述委托代理关系更为复杂，经理人一方面具有更强的自利动机来通过融资做大企业，另一方面在预算软约束预期下也确实更有能力大量融资和过度融资。上述两种导致企业过度融资倾向的原因，可能同样适用于商业银行，并导致商业银行呈现资本“饥渴症”。[①]

第二节 银行资本补充能力与企业融资约束的类比

一、商业银行的融资约束

在公司金融中，融资约束是指当企业自有资金不足以实施意愿投资转而寻求外部融资时所面临的摩擦（Fazzari et al.，1988；Kaplan & Zingales，2000；Whited & Wu，2006）。受到融资约束的公司面临陡峭甚至垂直的外部资金供给曲线，在价格和数量分别表现为外部融资成本高（高于内源融资成本）和外部融资金额少（少于实施意愿投资所需资金）。融资约束是一个相对的概念，在非完美市场中，所有企业均会或多或少地面临融资约束，区别只在于融资约束的程度。

对于一般工商企业，尤其是上市公司，融资约束主要表现为负债融资约束，即无法以合意的价格获得足够多的债务融资。已有文献对一般工商企业融资约束的原因进行了深入的探讨。根据 MM 理论，企业内外部资金在完美的金融市场中是无差异的，即内源融资和外源融资成本相同，因此企业的投资行为与其财务状况无关，不存在融资约束问题。然而，在不完

① 此外，除商业银行自身原因导致其业务发展需要补充大量资本，外部监管政策的改变也加剧了这一问题，例如，《商业银行资本管理办法（试行）》自 2013 年 1 月 1 日起施行，规定了新的更严格的资本充足率指标的计算方法、要求以及达标过渡期，各家银行面临更大的资本补充压力。不过在本书样本期内（2004—2012 年），外部监管政策尚未发生重大变革。

美的现实金融市场中，内部融资成本明显低于外部融资成本，外部融资溢价即融资约束是广泛存在的。理论上，融资约束的产生与现实金融市场中的以下因素有关。

（1）信息不对称问题。市场参与主体在经济活动中对信息的掌握程度存在差异，掌握较多信息的参与者处于有利地位，而掌握信息较少的参与者处于不利地位。在企业融资过程中，作为资金需求方的企业掌握了更多关于自身经营状况的信息，而资金供给方的投资者如商业银行等金融机构并不能完全掌握企业的经营信息，因此资金需求方相对于资金供给方存在信息优势，从而使资金供给方要求获得更高的收益率以降低信息劣势可能带来的损失。迈尔斯和梅鲁夫（Myers & Mailuf，1984）指出，信息不对称问题会增加外部融资成本；法拉利等（Fazzari et al.，1988）也明确指出内外部资金的差异性来自信息不对称导致的外部融资溢价。邦德和梅吉（Bond & Meghir，1994）从实证角度验证了信息不对称对能够引致更为严重的融资约束。

（2）委托代理问题。委托代理问题源自信息不对称，但与前述资金需求方和资金供给方之间的信息不对称不同，导致委托代理的是指委托方和代理方之间的信息不对称。詹森和莫克林（Jensen & Meckling，1976）的研究表明，相比委托人而言，代理人拥有更多的信息，从而会产生逆向选择，即以其他方式谋取私利，影响委托人对其的监督和控制。作为应对，委托人会要求更高的回报率，进而导致外部融资溢价和融资约束问题。伯南克和哥特勒（Bernanke & Gertler，1989）、哥特勒（Gertler，1992）均从代理成本角度分析外部融资约束问题。

（3）交易成本。现实金融市场中进行融资不可避免地会产生各类交易成本，如发行股票或债券时企业必须承担的各种各样的费用。相比之下，内部融资的灵活性更高，而且不存在交易成本问题。因此，交易成本也会导致内部融资和外部融资之间存在差异，也是造成融资约束的重要原因。

尽管既有研究大多强调的是一般工商企业的融资约束问题，而商业银行作为金融中介，扮演着提供信贷资金的角色，似乎不符合上述理论的分析。但是，商业银行提供贷款的同时需要吸收存款和补充资本，而这些融资活动并非毫无摩擦，主要从以下两方面分析。

一方面，商业银行的负债融资主要是各类存款，尽管在最高存款利息上限的限制下，商业银行吸收存款的成本被控制在一定范围内，但由于存贷比监管等原因，商业银行仍然具有强烈的动机，通过其他多种方式展开存款竞争。商业银行竞争有限的存款，必然会导致一些商业银行无法获得足够的存款。换言之，商业银行在吸收存款方面也面临着融资约束的。除了存款零售业务，商业银行还会进行一些批发融资，如从同业市场借入资金、通过回购业务融入资金，这些融资方式获得资金的数量和价格无疑也是因银行而异，说明不同银行进行负债融资的能力确有高下之分。

另一方面，商业银行在权益融资方面也面临着各类约束。最直观的是，非上市银行不可以通过增发、配股等进行再融资，而只能诉诸战略投资者、政府注资和工商企业入股等谈判成本较高的方式。不仅如此，即便是上市公司也不能无摩擦地进行股权融资，一是因为商业银行体量较大，其再融资活动往往会对其他公司的再融资产生挤出作用，为缓解这种负外部性，监管部门并不会贸然审批通过商业银行的再融资行动；二是再融资受市场行情的影响，在大市向好时，投资者风险偏好较高，商业银行再融资更可能被理解为发展态势良好下对资金的正常需求，再融资获得的资金数量较多，并且成本较低。相反，在大市疲软时，商业银行再融资可能会被认为是不择手段的吸金行为，再融资效果可能并不理想。

总之，商业银行与一般工商企业相似，也面临着融资约束问题。

二、工商企业融资约束对资本结构的影响

融资约束对企业资本结构调整的影响已得到了广泛研究，因此回顾一般工商企业中融资约束对资本结构的影响有助于理解融资约束对银行资本充足率的影响。

（1）融资约束会影响企业资本结构的调整速度。一方面，在权衡理论中，企业调整资本结构面临调整成本和调整收益的权衡，而融资约束往往意味着较高的调整成本，因此企业调整动力减弱，可能会出现调整速度慢和杠杆率水平低的现象。另一方面，融资约束反映了企业所固有的代理成本和交易成本，融资约束较高意味着代理成本和交易成本高，资本结构调整时来自企业内部的阻力上升，因此调整速度缓慢。李瑞和罗伯茨（Leary & Roberts，2005）的研究表明，如果外源融资的交易成本较高，并且企业实际资本充足结构偏离目标资本结构的程度太大，那么将实际资本结构调整至目标资本结构所需的时间就会很长。相反，融资约束程度较低的企业虽然也面临外部融资溢价，但是总体上调整成本不高，资本结构调整速度较快。

（2）融资约束还会影响企业杠杆的周期性特征。科拉吉奇克和莱维（2003）用宏观经济变量和微观企业特征变量估计出目标资本结构，发现融资约束型企业和非融资约束型企业的资本结构在宏观经济周期中呈现不同的变动规模。当宏观经济形势较好、股票市场较为景气时，非融资约束型企业的杠杆率较低，而且偏好股权融资，融资约束型企业却表现出较强的债权融资偏好，因而具有较高的杠杆率。相反，当经济发生衰退时，在经理人利益和股东利益的共同推动下，非融资约束的企业具有强烈的加杠杆倾向，因而非融资约束性企业的杠杆是逆周期的。相比之下，融资约束型企业的融资约束在宏观经济形势下行时愈加恶化，外源融资难度加大，只好诉诸留存收益转增资本的内源融资方式，从而导致其杠杆率具有顺周期性。

（3）融资约束除了直接影响资本结构的调整外，还会在其他因素对资本结构的影响中起到调节作用。已有文献主要关注融资约束对宏观冲击影响公司资本结构程度的调节作用。众所周知，宏观经济环境和政策的变化对企业而言属于外生冲击，这类外生冲击会改变企业所处的融资环境（包括信贷环境和再融资环境）影响企业的融资决策，进而影响企业资本结构的动态调整。如前所述，融资约束表现为成本上的资金价额和数量上的融资额度两方面，与之对应，一些宏观外部冲击属于价格型外部冲击，影响企业融资成本，另一些外部冲击属于数量型外部冲击，影响企业的融资额度。而融资约束型企业和非融资约束型企业对不同类型宏观冲击的反映存在明显差异，由于融资约束性企业对外部资金的需求极为强烈，对资金成本的关注度不及融资数量，因此其资本结构受信贷供给、再融资配额指标等数量型因素的制约；相反，非融资约束型企业可以较为灵活地选择资金成本较低的外源融资渠道，从而对价格型冲击的敏感度较高。于蔚等（2012）发现存在融资约束的企业的资本结构对数量型外部冲击更敏感，而不存在融资约束或融资约束较弱的企业对成本型外部冲击的变动更敏感。① 闵亮和沈悦（2011）以中国1998—2009年制造业上市公司为样本，基于融资约束程度的差异考察宏观冲击下企业资本结构的动态调整，也得到了相同的结论。

综上可知，融资约束确实会对企业资本结构的调整产生了重要影响，而考虑到银行与一般工商企业的共性，很可能融资约束也会影响商业银行的资本充足率调整，换言之，商业银行的资本补充能力会影响其资本充足率的调整。

第三节 商业银行资本补充能力强弱的划分

在负债融资约束和股权融资约束中，本书更强调商业银行的股权融资约束。因为负债融资并不直接影响商业银行的资本充足率，而股权融资约束却和商业银行资本充足率及其调整密切相关。② 股权融资约束意味着商

① 具体而言，他们验证了以下有关我国企业资本结构调整和宏观经济环境关系的命题，一是融资约束性企业的资本结构受到信贷规模变动的影响较大；二是非融资约束性企业的资本结构，受到贷款利率和股市整体收益率的影响更大。

② 另一个原因在于，与股权融资面临的约束相比，商业银行面临的负债融资约束具有更强的内生性和变动性。“贷款创造存款”理论说明，商业银行资产方行为（发放贷款、购买债券）都会创造存款，从而缓解负债融资约束。

业银行进行股权融资时面临较高的成本，某些融资渠道甚至根本无法使用（如非上市银行无法进行公开增发）。本书以银行资本补充能力度量其面临股权融资的程度，资本补充能力强（弱）代表股权融资弱（强）。在融资约束影响企业资本结构调整的实证文献中，融资约束的度量是一个基础性问题。类似地，如何度量商业银行的资本补充能力是本书实证分析所需解决的首要问题。在提出本书度量银行资本补充能力的方案前，有必要先回顾和借鉴已有文献对融资约束的度量方法。

一、工商企业融资约束的度量方法

在研究一般工商企业融资约束的文献中，对融资约束的度量方法可以分为两类，一类是根据企业的行为或微观特征构造的指标来判断融资约束程度（指标法），另一类是基于回归方程中某些参数的数值判断融资约束程度（回归法）。

1. 指标法

用来判断企业的融资约束程度的单个企业微观特征包括以下几点内容。

（1）公司规模。公司规模的度量方式包括资本的市值或账面价值、总资产的市值或账面价值，德弗罗和塞汉塔雷利（Devereux & Sehiantarelli，1990）、阿西和洛马（Athey & Laumas，1994）等均发现规模较大的企业相比规模较小的企业，投资—现金流敏感性更低，因此规模较大的企业融资约束较小。规模较大的企业往往拥有较多的抵押物或有形资产（tangible asset），更容易获得外部融资。

（2）是否上市。上市对企业融资具有重要的影响。整体而言，上市公司面临的融资约束弱于非上市企业。首先，融资约束根源于资金需求者（公司）和外部投资者（银行和其他金融机构）之间的信息不对称，处于信息劣势的外部投资者要求资金需求者支付外部资金溢价（Myers & Mailuf，1984）。相对于多数非上市企业，上市公司信息披露水平较高，易于传递和理解的“硬信息”可以有效降低融资约束程度。其次，由信息不对称衍生而来的委托代理问题也是导致融资约束的重要原因（Jensen & Meckling，1976）。委托人（外部投资者）担心代理人（公司）谋取私利，对代理人投资项目的真实动机存有疑虑，因而要求较高的投资回报率。与非上市企业相比，上市公司大多已在专业机构的辅导下实施了系统的公司治理改造，公司治理结构相对较为完善，委托代理问题导致的融资约束问题得以缓解。最后，可能也是最重要的原因在于，我国对股票发行上市的准入标准较为严格，在为获得上市资格而竞争的筛选机制下，最终能够上市的企业基本上属于优质企业（方军雄，2010）。因此，上市本身就发送了企业经营状况较好的信号，从而缓解导致信贷配给的信息不对称问题、降低上市公司的融资约束。战明华等（2013）的理论分析表明，在利率控制、银行风险厌恶以及股票市场具有信息滤波器功能的情况下，我国上市公司可能并不存在传统意义上的融资约束。

（3）所有权性质。上市公司内部融资约束程度存在明显差异，用所有权性质这一微观特征划分企业是否面临融资约束符合我国新兴加转轨的经济现实。不同所有权性质企业面临的外部融资约束不同，国有企业融资约束程度较小。我国金融体系以商业银行为主导，而银行体系中国有银行又是名副其实的“第一梯队”。在国有企业和国有银行同为政府控制的格局下，政府有动机干预国有银行放贷，帮助国有企业以更方便、更优惠的条件获得信贷资源（谢德仁，陈运森，2009）。相比之下，私有产权控制的企业与国有银行没有“血缘关系”，[①] 在借贷过程中会受到“所有制歧视”（卢峰，姚洋，2004），导致民营企业资产负债率更低（余明桂等，2006）、长期债务融资比例更低（孙铮等，2006；江伟，李斌，2006）、

① 近年来一些研究对“所有制歧视”提出了质疑。方军雄（2010）通过考察上市民营公司与国有公司之间的债务融资差异在 IPO 前后的变化，推断民营上市公司相比国有公司银行贷款少、期限短是企业自主决策的结果；白俊和连立帅（2012）则运用 Blinder - Oaxaca 回归分解法，检验了国有企业与非国有企业间信贷资金配置差异中所有制因素和禀赋因素的贡献比例，发现信贷资金配置差异主要源于禀赋差异。苟琴等（2014）则利用世界银行对中国企业投融资环境的调查数据，发现国有企业和非国有企业之间并不存在显著的信贷配给差异，信贷资金配给更多的与企业自身禀赋和宏观金融环境有关。

更多地使用商业信用（Brandt & Li，2003；Ge & Qiu，2007）、贷款可得性受紧缩性货币政策的影响更大（陆正飞等，2009）。

（4）是否属于集团公司。集团公司的外部融资优势体现为“多钱效应”，即集团公司可以通过“共同担保效应”降低公司的偿债风险。向集团公司提供贷款，等同于向“一篮子”企业同时发放贷款，根据资产组合原理，如果集团公司各个分部门之间产生的现金流不完全正相关，那么银行面临的资产组合风险将有所降低，因此会最终提高集团公司整体负债能力。考察多元化外部融资优势的传统文献关注多元化企业的资本结构。理论方面，李和李（Li & Li，1996）综合分析了多元化和企业最优资本结构的关系，指出较高的财务杠杆有助于提高多元化企业的价值。实证方面，伯杰和奥菲克（Berger & Ofek，1995）发现多元化企业的杠杆率在统计上显著高于专业化企业。但是克曼特和贾雷尔（Comment & Jarrell，1995）随即指出，上述差异并不具有经济意义上的显著性。一个可能的解释在于，并非所有情况下多元化企业都愿意充分利用其负债能力。例如，多元化企业的管理层可能出于避免过多外部监督的目的而不愿意进行负债融资（Jensen，1986），此时就无法观察到多元化企业的高杠杆现象。如果说杠杆率反映了企业融资的存量信息，那么资金流入则反映了企业融资的流量信息。近期有学者开始使用现金流量表中的现金流入信息考察不同市场环境下多元化企业的融资能力，发现多元化企业在不利的市场环境中比专业化企业获得的资金流入数量更多（Yan，2006）。

（5）是否存在政治关联或银行关联。如前所述，产权性质对融资约束具有重要影响，同为上市公司，民营企业在融资过程中融资遭受“所有制歧视”。作为应对，一方面，一些民营企业家通过任职人大代表、政协委员或聘请具有政府背景的高管来获得社会资本，从而有助于获得更多贷款资源和更长的贷款期限（罗党论，甄丽明，2008；余明桂，潘红波，2008）；另一方面，民营企业通过聘用具有银行背景的高管或参股银行来建立银行关联，也可以更为方便地获得关联银行的贷款资源（唐建新等，2011）。根据刘占娟（2013）的统计，2004—2011 年间存在政治关联和存在银行关联（根据高管任职经历判断）的民营上市公司分别占全部民营上市公司的45.29%和26.16%；而根据郭牧炫和廖慧（2013）的统计，2006—2010年间持股银行股权超过2%的民营企业占全部民营企业的13.35%，可见相当数量的民营企业已经通过政治关联或银行关联缓解了所有制歧视导致的融资约束。因此，近年来有研究认为民营上市公司相比国有上市公司获得的银行贷款少、期限短并非源自“所有制歧视”，而是企业自主决策、企业自身禀赋和宏观金融环境共同作用的结果（方军雄，2010；白俊，连立帅，2012；苟琴等，2014）。

除了上述基本不随时间变化的企业微观特征外（企业规模的变化较为缓慢），还有一些企业微观财务指标反映了其所受到融资约束的信息。这些指标包括利息保障系数、企业杠杆率、股利支付率等。利息保障系数越高，企业偿还其所欠债务的能力越强，遭遇破产重组的可能性越低，因此更容易获得外部融资（Gertler & Gilchrist，1993；Bernanke & Gertler，1995）；企业杠杆率本身受到外部融资数额的影响，杠杆率越高的企业，在过去从外部获得地融资越多，但由于其财务柔性被耗用，未来进一步进行复制融资的难度加大。相反，杠杆率低的企业在过去获得的债务融资较少，但未来具有较大的负债融资潜力。不过，总体而言，过去难以获得债务融资，未来还是可能会延续这一特征，因此杠杆率较低，尤其是零杠杆企业，往往是一些受融资约束较为严重的企业（Cleary，1999）。股利支付率能够反映融资约束信息的原因也非常符合直觉，即假设企业自身存在融资困难，如果公司治理问题不严重，它怎么可能将内部宝贵的资金支付给股东呢？更为准确地说，股利支付率较低的企业，往往对经营现金流依赖较高，根本无力频繁支付股利。不过，在我国特殊的制度安排（强制股利分配）下，分配股利的行为往往有满足政策要求的动机，因而其反映融资约束的能力也有所下降。

除上所述，利用单个指标判断企业融资约束状态的方法外，还有一些综合性指标或多变量指标，主要是运用多元判别方法构造的融资约束指数（Cleary，1999）、KZ指数和WW指数。这些指数均是从一组包含融资约束信息的企业微观变量中，采用特定的技术提取综合信息，但正是因为这样，这些指标的构造具有一定的主观性。例如，克利里（Cleary，1999）在运用多元判别法构造融资约束指标时，采用的分组变量是公司的股利支付行为，即削减股利被当作融资约束组，增加股利的被当作非融资约束组，股利不变的被当作融资约束不确定组。但阿加瓦尔和宗（Aggarwal & Zong，2006）针对克利里（1999）的分组方法提出两点意见，一是需要对融资约束不确定组（即当年股利不变的样本）进行细分，区分后续年份中继续支付股利和后续年份中停止支付股利的公司。二是由于股利作为信号传递了其他方式无法完全传递的有关公司价值的信息（Bhattacharya，1979），导致股利发放行为包含了多方面信息，因此股利支付率可能并非反映公司融资约束状况的良好的代理变量。卡普兰和津加莱斯（Kaplan & Zingales，1997）采用的方法类似于文本分析法，通过查阅公司年报和管理层信件等文本，从中提取与企业融资约束有关的定性甚至定量信息，然后对样本企业进行分组。拉蒙特、波尔克和萨勒奎乔（Lamont，Polk & Saarequejo，2001）借鉴这一思路，在预分组后采用了现金流、托宾 Q、杠杆率、股利支付率等微观企业信息来解释企业所处的分组，再利用解释变量的系数构造 KZ 指数。后续的 WW 指数也采取了大致相同的构造方法（Whited & Wu，2006）。可见，KZ 指数或 WW 指数更多的是一种构造企业融资约束指数的方法，不能简单地拿国外 KZ 指数或 WW 指数的系数套用到中国。

2. 回归法

尽管在构造反应融资约束程度的综合指标时也用到了回归，但此处“回归法”与之不同。回归法无法对单个企业的融资约束状况作出判断，而是通过考察一组企业样本中某个回归方程中关键系数的表现，判断这组企业的融资约束情况。最为常用的回归法主要关注两个“敏感度”，一是投资—现金流敏感度（invest-cashflow sensitivity），二是现金—现金流敏感度（cash-cashflow sensitivity）。

（1）投资—现金流敏感度。如果一家企业存在明显的融资约束，那么就不可能同时支付大量股息，并且其投资支出应高度依赖内部现金流。换而言之，融资约束强的企业具有较高的投资—现金流敏感性。相反，如果企业的股利支付率较高，那么通常意味着其为投资筹集外部资金遇到的障碍较小，由于外源投资能够有效支持投资，那么投资对内源融资的依赖度下降，投资—现金流敏感性较弱。所以，法拉利等（Fazzari et al. ，1988）一方面以股利支付率作为识别企业融资约束的代理变量，另一方面在不同股利支付率（融资约束程度）的组别考察融资—现金流敏感性。具体而言，他们估计以下扩展的投资方程 $I_{it}/K_{it} = a_i + b \times Q_{it} + c \times CF_{it}/K_{it} + e_{it}$，权重 Q 是托宾 Q，CF 是现金流。法拉利等（1988）认为，在控制了投资机会后，如果企业组不存在融资约束，那么系数 c 不应具有显著性。但估计结果表明，一方面，投资—现金流敏感性显著为正；另一方面，股息支付率越高的组中系数越小。因此，法拉利等（1988）得出结论：对于股息支付率较低的企业，其融资约束更严重。

法拉利等（1988）实际上提出了一种检验融资约束是否存在、比较融资约束程度的可行方法，因此后续大量问题开始从投资—现金流敏感性角度实证分析融资约束问题，将高敏感性作为企业受到融资约束的证据。但是，投资—现金流敏感性的适用性也受到一些质疑和反对。第一，卡普兰和津加莱斯（2000）最早从理论上质疑了投资现金流敏感性代表融资约束的能力。第二，阿尔蒂（Alti，2003）则指出了法拉利等（1988）所设计的计量模型可能存在问题。一是托宾 Q 的度量误差导致模型无法充分控制企业面临的投资机会，这对于成长性较高的年轻企业尤其重要；二是现金流中可能包含了与投资机会相关的信息。两种情况同时发生时，投资—现金流敏感性系数传递的信息可能更多的是投资与投资机会的关系，从而不能有效反应融资约束的程度。第三，沃格特（Vogt，1994）从企业公司治理角度出发，认为用内部现金流进行投资，可能是管理者过度投资的表现，而非融资约束。事实上，融资约束模型并未考虑公司内部的代理问题，但现实中由于所有权和控制权的分离，管理者为谋取私利而过度投资的现象屡见不鲜。此时自由现金流也会和投资具有正相关关系，但其背后的动因并非融资约束，而是代理成本。

(2) 现金—现金流敏感度。鉴于学界对法拉利等（1988）提出的“投资—现金流敏感性”莫衷一是，阿尔梅达等（Almedia et al.，2004）独辟蹊径，从企业现金和现金流的关系中发掘融资约束的信息。阿尔梅达等（2004）认为，就像凯恩斯流动性需求理论所说的预防性需求一样，预期未来会受到融资约束的企业将采取预防性措施贮存现金。但是持有现金是有机会成本的，因此融资约束的企业需要根据其当前和未来的投资权衡来确定现金持有量，而不受融资约束的公司的现金持有政策和投资活动无关。阿尔梅达等（2004）模型避免了法拉利等（1988）模型的一些不足之处，但问题在于，影响企业现金持有的因素除融资约束外还有很多，这导致现金—现金流敏感性与融资约束的关系并非单调的正相关关系。

梳理对一般工商企业融资约束度量的文献可知，度量企业融资约束程度的方法较多。不过，就我国企业而言，几种度量方法得到的企业融资约束程度应该是一致的。以最为简明的四个判断标准即企业规模、上市时间、产权性质和是否为企业集团来看，上市时间长的企业往往规模大，国有企业往往规模较大，而企业集团也往往规模较大。

二、我国商业银行资本补充现状

一般工商企业规模、产权性质、上市时间和是否为企业集团几大指标用于度量其面临融资约束程度之间的一致性对于判断商业银行的融资约束状况也有一定的启示意义。由于我国商业银行的规模、产权、上市与否、是否具有集团经营特征也是较为统一的，采用一种分组方法，很可能也暗合另一种分组方法。

在具体分组前，应明确我国银行业市场结构的状况。随着银行业市场化改革进程的推进，目前我国已形成了一个多层次的银行体系（见表3.2）。如果不考虑外资银行和政策性银行，所有商业银行可划分为4大梯队，第一梯队是“工农中建交”5家大型国有银行；第二梯队是中信银行、中国光大银行等 12 家全国性股份制银行；第三梯队是 145 家城市商业银行；第四梯队由众多农村商业银行（468 家）、农村合作银行（122 家）和农村信用社（1803 家）构成。[①]

表 3.2　　我国银行业金融机构的构成

机构类别	机构范围
银行业金融机构	包括政策性银行及国家开发银行、大型商业银行、股份商业银行、城市商业银行、农村商业银行、农村合作银行、城市信用社、农村信用社、新型农村金融机构、邮政储蓄银行、外资银行和非银行金融机构
商业银行	包括大型商业银行、股份制商业银行、城市商业银行、农村商业银行和外资银行
政策性银行及国家开发银行	包括国家开发银行、中国进出口银行、中国农业发展银行
大型商业银行	包括中国工商银行、中国农业银行、中国银行、中国建设银行、交通银行
股份制商业银行	包括中信银行、中国光大银行、华夏银行、广东发展银行、深圳发展银行、招商银行、上海浦东发展银行、兴业银行、中国民生银行、恒丰银行、浙商银行、渤海银行
非银行金融机构	包括信托投资公司、企业集团财务公司、金融租赁公司、货币经纪公司、汽车金融公司、消费金融公司
其他类金融机构	包括政策性银行及国家开发银行、农村商业银行、农村合作银行、外资银行、城市信用社、农村信用社、非银行金融机构、新型农村金融机构和邮政储蓄银行

按照梯队划分我国商业银行面临的融资约束程度，既符合规模标准，也符合产权标准，包括第一梯队的银行是“大型”“国有”商业银行，说明其兼具规模大和国有产权两个特征，后续三个梯队总体来说，规模依次降低，而所有权中国有股占比也有所降低。此外，从规模和集团化经营的关系来看，规模较大的商业银行往往选择构建金融控股公司，成为庞大的

① 资料来源：银监会 2014 年年报。

金融集团。从规模与上市与否的关系来看，我国银行业改革过程中前两波上市潮主要涉及规模较大的国有银行和股份制银行。由此可见，4 大梯队的划分比较好地综合了银行规模、产权性质、上市时间和集团化经营特征，可以作为银行融资约束程度划分的标准。我们以银行产权性质为例，说明为何国有产权的商业银行更容易补充资本（面临的融资约束更小）。银行产权性质影响银行资本的渠道有以下几点，一是资金来源上，国有银行更容易获得政府资金，更容易面临预算软约束（Shleifer & Vishny，1994；Desai & Olofsgard，2006）。二是公司治理上，国有银行的管理层（同时也是政府官员）有动机增加银行资本、做大银行规模。三是银行经营战略上。国有银行为了更好地服务政府战略，可能会偏离利润最大化这一经营目标，而储备充足的资本以防未来资本不足。四是市场约束程度和监管政策执行程度在不同产权性质的银行间有所不同。国有银行“大而不能倒”，会弱化银行面临的市场约束（Bertay et al.，2013），[①] 更方便国有银行进行融资。

不过，直接将一般工商企业融资约束的划分方案套用到商业银行上似乎还需要更强的理由。要想更准确地把握不同商业银行资本补充能力的差异，必须对我国商业银行资本补充的现状有所了解。

2004 年 3 月我国银监会出台的《商业银行资本充足率管理办法》规定，商业银行的核心资本包括实收资本或普通股、资本公积、盈余公积、未分配利润和少数股权，附属资本包括重估储备、一般准备、优先股、可转换债券、混合资本债券和长期次级债务。核心资本的补充方式大体分为两类，一类是依靠利润留存进行内部积累的内源式补充；另一类是依靠股权扩张的外源式补充，具体又包括上市（包括 IPO 和上市后的增发、配

---

① 以存款的市场约束效应为例（在债权人、存款人和股东这三类银行业市场约束的主体中，存款人对银行风险承担约束的力度最大，故存款人对银行施加的市场约束最为重要），储户会对高风险银行要求更高的存款利率（价格型市场约束），或者干脆“用脚投票”来转移存款（数量型市场约束）。但是，“大而不倒”会扭曲储户对大银行风险状况的认知，使储户对银行风险承担的反应钝化，甚至表现出对商业银行的“规模偏好”（马草原，王岳龙，2010），使规模较大的银行面临较小的市场约束。

股)、政府注资和引进战略投资者等方式。附属资本的补充可以根据附属资本具体内容进行分类，如计提贷款准备金、发行可转化公司债、发行混合资本债和次级债。因此，我们从内源式融资、外源式融资和附属资本补充三方面解释我国银行的资本补充现状。

一是内源式融资。内源式融资机制是指银行依靠内部留存收益补充核心资本的方式。通过留存收益转增资本具有较高的灵活性和主动性，并且融资成本较低，因此应该是首选的融资方式，这与优序融资理论中一般工商企业首先采用内源融资的道理是相同的。不过，内源式融资补充资本的数量有限，因此仅依赖内源式融资可能仍无法满足业务发展所需。

二是外源式融资。外源式融资是指银行通过外部融资方式补充资本，包括定向增发、公开增发、配股、引进新的战略投资者等方式，由于能够补充的数额较大，目前和未来相当长时间内均会是银行最普遍的资本补充方式。其中，引进新的战略投资者是通过一级市场直接融资，不仅有助于补充资本，还在客观上起到优化银行公司治理结构的作用，但其谈判过程较慢，失败的可能性较高，因此，其不可能成为可持续的外源融资方式。再融资（定向增发、公开增发和配股）均在二级市场上进行，能够在短时间内募集大量资金。目前，通过发行股票筹集资本是国内商业银行资本补充的主要形式，伴随着国有大型商业银行接连上市，通过配股发行和增发的方式进行资本融通成为主流，尤其是在 2010 年农业银行成功通过 A + H 股完成上市融资后，各大银行相继推出了配股措施。但缺点在于这会摊薄每股收益，并且最终筹资额度依赖于银行基本无法干预的投资者情绪和市场形势等因素，稍有不慎可能出现得不偿失的不良后果。

三是对于附属资本的补充方式。我国商业银行附属资本的补充方式有发行次级债与混合资本债、发行可转换公司债、计提准备金等。但并不是每个银行都可以通过这些方式补充附属资本，需要有一定的限制条件，对于发行次级债和混合资本债而言，需要将发行对象扩大到非银行的金融机构并且核心资本充足率要达到 7%。可转换债虽然在银行的资本中只占了很少的一部分，但它本身的可转债性质却可以在其转股之后再次计入核心资本，达到了一次发行、两次补充的作用，所以对于可转债银行可以多加利用。而商业银行定期计提的准备金，虽然银行本身具有主动性，但是计提的多会影响银行的利润获得，计提的少又会丧失银行的资本补充作用，需要商业银行多方考量。

为方便比较，将各主要资本补充渠道的优缺点列示，如表 3.3 所示。可见，各类资本补充渠道均有一定的缺陷，从而导致现实中并不存在单一的资本补充渠道偏好。在各类渠道中，利润转增、政府注资、上市融资、发行次级债等四种资本补充方式较多地得到运用。

表 3.3　银行资本补充的主要渠道

补充渠道	补充对象	优点	缺点
利润转增	核心资本	不受外部条件约束，不分散股东控制权	受盈利能力限制，在资本补充数量和稳定性方面有所欠缺
上市	核心资本	补充资本数量大，有助于建立持续资本补充渠道	上市条件难以满足，稀释现有股东权益，依赖于股市环境
政府注资	核心资本	数量通常较大，效果显著	受政府财力限制，不利于完善银行治理结构
引进战略投资者	核心资本	筹资风险小，有助于提高银行经营管理能力	谈判时间长，稀释现有股东权益
发行次级债	附属资本	灵活、快捷、高效	到期偿债压力大，受债券市场影响大，且受到银监会新规定限制
发行混合资本债	附属资本	灵活、快捷，比次级债资本属性更强	由于期限较长、求偿顺序靠后，对投资者吸引力有限，受银监会新规限制
发行可转换公司债	附属资本	费用低、暂时不稀释股东权益	支付利息和潜在还本压力、潜在稀释股东权益，仅对上市银行适用
计提贷款准备金	附属资本	有较大自主权，可消化不良资产	减少银行当期利润，而且补充的资本较少

注：银监会新规是指银监会于 2009 年下发的《关于完善商业银行资本补充机制的通知》，该通知对商业银行发行次级债及混合资本债等附属资本补充工具做出了详细的规定，很大程度上限制了二者的使用。

本书结合我国商业银行资本补充的四大渠道来对不同梯队商业银行资本补充能力的划分做进一步说明。事实上，不同梯队的银行除了在资产规模、产权属性、业务范围和政策扶持力度方面存在差异，其资本补充能力也有强弱之别。

（1）利润转增核心资本的能力。利润留存扩充的资本数额较小，扩张速度根本上取决于银行的盈利能力。相比国有及股份制银行，城市及农村商业银行业务多元化程度较低，主要依赖利差收入，自我积累缓慢。同时，城市及农村商业银行还普遍背负着"历史包袱"，缺乏处置不良资产的政策和机制，利润转增资本的稳定性存在质疑。

（2）上市融资增加核心资本的能力。截至2013年底，国有及股份制银行中除广发银行、恒丰银行、浙商银行和渤海银行外均已上市，而其他银行中仅有北京银行、南京银行和宁波银行在A股上市，重庆银行、徽商银行和重庆农商行在H股上市。多数城市及农村商业银行自身财务状况尚无法满足上市条件，同时，2008年以来股票市场低迷更加剧了城市及农村商业银行上市的难度，其结果是多数城市及农村商业银行无法借助股票市场补充资本。因此，相比国有及股份制银行，城市及农村商业银行增资扩股的速度及规模受限较大、持续性差。

（3）借助政府注资扩充核心资本的能力。国有银行面临预算软约束问题（Desai & Olofsgard，2006），更容易获得政府注资。1998年，中央政府通过发行特别国债为四大银行注资，1999年设立金融资产管理公司剥离四大银行的不良资产，2003—2008年又陆续对四大银行进一步注资。而作为地方性法人金融机构的城市及农村商业银行无法获得中央政府的注资，受地方政府的财力限制获得的支持力度较小，并且可能在地方政府干预下因过度扩张信贷而形成较高不良率，反而有损资本充足水平。

（4）次级债发行补充附属资本的能力。《商业银行次级债券发行管理办法》对信息披露要求较为严格，一般城市及农村商业银行难以达到相应标准，同时市场的规模偏好也使得国有及股份制银行发行的债券更受投资者欢迎。这导致国有及股份制银行占据了次级债发行市场的多数份额，而城市及农村商业银行发行的比例较低。

综合上述4点原因，本书将第一、第二梯队的国有及股份制银行归为资本补充能力强的银行，将第三、第四梯队的城市及农村商业银行归为资本补充能力弱的银行。必须承认，后一组银行中少数“强者”的资本补充能力可能超过了前一组银行中的“弱者”，一是少数已上市的城商行在补充核心资本方面比未上市的四家股份制银行更具优势；二是少数实现跨区经营、盈利较好的城市商业银行具有较强的利润转增资本的能力。此外，五大银行资本补充能力超过多数股份制银行，而城商行资本补充能力一般会超过农商行，可见同一组内各银行的资本补充能力也存在差异。但是，从整体上来看，国有及股份制银行的资本补充渠道比城市及农村商业银行更为广泛和畅通，按照银行所属梯队来划分资本补充能力强弱具有一定的合理性。

第四章

商业银行的目标资本结构

第一节 权衡理论下目标资本充足率决定的理论分析

商业银行会权衡调整资本充足率的收益和成本（Memmel & Raupach, 2010）。一方面，提高资本充足率会带来以下收益，一是降低经营风险。提高资本充足率有助于降低因资本充足率未达标而受监管处罚的概率（Stolz & Wedow, 2005），提升对外部冲击下流动性风险的抵御能力（Nier & Baumann, 2006）。二是迎合市场约束。较高的资本充足率可以向市场发送自身稳健经营的信号，有助于保持较高的信用评级、降低银行的融资成本（Jokipii & Milne, 2008）。三是维持财务弹性。资本充足率较高的银行资本储备充裕，从而可以迅速捕捉到有利的投资机会（Lindquist, 2004）。另一方面，提高资本充足率也会引致更高的成本，一是直接成本。由于显性的存款保险制度或隐性的政府担保，银行负债融资成本低于股权融资成本（Mishkin, 2000），因此通过股权融资提高资本水平的成本较高。二是机会成本。持有更多资本意味着银行需要放弃当前的一些投资机会，从而影响当期盈利（Ayuso et al. , 2004）。在衡量利弊后，商业银行会选择一个与自身经营状况相匹配的目标（最优）资本充足率。

我们通过以下理论模型分析银行目标资本充足率的决定。从已有文献中常见的银行资本调整恒等式出发，可得：

$$K_t = K_t + I_t \tag{4.1}$$

其中，K_t 代表第 t 期末的资本存量；I_t 代表 t 期银行进行的股票发行或回购加上留存收益的总额。

如前文所述，商业银行持有资本会引致直接成本和机会成本，此外，正如实业企业中投资模型所刻画的，实业企业调整资产存量和商业银行调整资本存量均会引致调整成本。对商业银行而言，调整成本主要和资本市场的信息不对称有关，此时作为资本需求方的商业银行相对资本供给方的投资者拥有信息优势，任何资本补充行为均可能被投资者视为择时行为，从而增加资本补充的成本。为了简化，我们将前述所有成本用 C_t 表示，可得：

$$C_t = (\alpha_t - \gamma_t) K_t + 0.5\delta_t I_t^2 \tag{4.2}$$

其中，α_t 代表资本的直接成本；γ_t 代表持有资本带来的收益（如降低破产可能性、降低受监管惩罚可能性）；最后一项 $0.5\delta_t I_t^2$ 则是标准的调整成本函数，δ_t 的大小反映了资本调整难度。

代表性商业银行的目标是最小化其资本成本，因此其面临的最优化问题为：

$$\begin{gathered}\underset{\{I_{t+i}\}_0^{\infty}}{\mathrm{Min}}\ E_t \sum_{i=0}^{\infty} \beta^i C_{t+i} \\ \text{s. t. } C_t = (\alpha_t - \gamma_t) K_t + 0.5\delta_t I_t^2 \\ K_t = K_t + I_t\end{gathered} \tag{4.3}$$

推导下一阶条件，可得：

$$I_t = E_t\left[\frac{1}{\delta} \sum_{i=0}^{\infty} \beta^i (\gamma_{t+i} - \alpha_{t+i})\right] \tag{4.4}$$

将式（4.4）带回到约束条件中，可得：

$$E_t(K_t) = K_{t-1} + E_t\left(\frac{1}{\delta} \sum_{i=0}^{\infty} \beta^i \gamma_{t+i}\right) - E_t\left(\frac{1}{\delta} \sum_{i=0}^{\infty} \beta^i \alpha_{t+i}\right) \tag{4.5}$$

式（4.5）显示，第 t 期的目标资本存量 $E_t(K_t)$ 由三部分构成，一

是上期的资本存量 K_{t-1}；二是与持有资本获得收益有关的第二项 $E_t\left(\frac{1}{\delta}\sum_{i=0}^{\infty}\beta^i\gamma_{t+i}\right)$；三是与持有资本印证成本有关的第三项 $E_t\left(\frac{1}{\delta}\sum_{i=0}^{\infty}\beta^i\alpha_{t+i}\right)$。需要指出的是，式（4.1）~式（4.5）仅考虑了资本存量的变动轨迹，还不能直接等同于资本充足率的变动轨迹，因为资本充足率还涉及银行风险资产的变化。但是，如果假定银行风险资产总量不变或者是外生给定的，那么上述理论推导对估计目标资本充足率还是具有较强的指导意义，即在估计目标资本充足率时，需要采用包含滞后项的动态调整模型，而且控制变量应和银行持有资本的成本及收益相关。

第二节 目标资本充足率的实证分析

一、模型设定和变量选择

理论分析表明商业银行具有目标资本充足率，但现实中目标资本充足率是无法直接观测到的。与前述理论分析一致，已有实证文献一般选取一系列反映银行微观特征和宏观经济环境的变量作为目标资本充足率的影响因素，进而通过估计部分调整模型获得银行的目标资本充足率（Brewer et al.，2008；Gropp & Heider，2010；Fonseca & Gonzalez，2010；Christoffer & Schepens，2013）。[①] 本书据此将银行目标资本充足率 $CAR_{i,t}^*$ 表示为上

① 需要指出的是，基于不同样本的实证研究结论存在较大差异。例如，对于规模这一常见的银行微观特征变量，格罗普和海德（2010）发现大银行目标资本充足率高，而布鲁尔、考夫曼和沃尔（2008）发现，由于“大而不倒”、规模效应等原因，规模越大的银行目标资本充足率越低。经济周期这一宏观经济变量对目标资本充足率的影响也没有定论，典型的研究如方塞卡和冈萨雷斯（2010）考察了 70 个国家银行业资本缓冲的周期性变动，发现样本中有 7 个国家银行资本缓冲与经济周期显著负相关，5 个国家资本缓冲与经济周期显著正相关，其余国家二者关系并不显著。

期银行微观特征和宏观经济环境变量的线性组合，即银行根据 t－1 期的经营环境和自身条件来决定 t 期的目标资本充足率，可得：

$$CAR_{i,t}^{*} = \alpha_i + \sum_i \beta_i X_{i,t-1} \tag{4.6}$$

变量集合 X 包括规模，以总资产的自然对数 size 衡量；盈利能力，以净资产收益率 roe 衡量；资产质量，以不良贷款率 npl 衡量；风险抵补能力，以拨备覆盖率 pcr 衡量；资产结构，以贷款占总资产比重 lta 衡量；融资结构，以存款占总负债比重 dtl 衡量；收入结构，以非利息收入占总营业收入比重 nii 衡量。上述银行微观特征变量从多个维度刻画了银行的经营状况。目标资本充足率可能还受到宏观经济状况的影响，对此我们控制了实际国民生产总值增速 gdp 和广义货币增长率 m2。鉴于不同梯队银行在资产规模、产权属性以及经营区域方面存在明显差异，模型还控制了与银行所属梯队对应的虚拟变量。考虑到本书样本期间我国银行业经历了重大的体制变革，相当数量的银行在完成改制后成功上市，模型通过加入年度虚拟变量有助于控制体制变革和其他随时间变化因素的影响。

银行内外部经营环境的变动使其实际资本充足率偏离目标资本充足率，而调整成本使银行无法立即调整至目标资本充足率。刻画实际资本充足率的调整动态需要用到部分调整模型（Oztekin & Flannery，2012；De Jonghe & Oztekin，2015），可得：

$$CAR_{i,t} - CAR_{i,t-1} = \lambda(CAR_{i,t}^{*} - CAR_{i,t-1}) + \varepsilon_{i,t} \tag{4.7}$$

其中，$CAR_{i,t}$为银行 i 第 t 年的实际资本充足率，$\varepsilon_{i,t}$为随个体和时间而改变的扰动项。参数 λ 反映了资本充足率的实际调整幅度对资本充足率缺口做出的反应程度，λ 越大说明银行资本管理的主动性越强，趋向目标水平的速度越快。将式（4.6）带入式（4.7），整理后可得：

$$CAR_{i,t} = (1-\lambda)CAR_{i,t-1} + \sum_i \lambda\beta_i X_{i,t-1} + \lambda\alpha_i + \varepsilon_{i,t} \tag{4.8}$$

通过估计式（4.8）可以获得式（4.6）中 α 和各 β 系数的估计值，从而可以计算出银行的目标资本充足率 $CAR_{i,t}^{*}$，进而得到银行面临的资本充足率缺口 $DEV_{i,t}$。由于最低资本充足率要求为 8%，我们不允许银行目标资本充足率小于8%，因此本书资本充足率缺口的计算公式为：

$$DEV_{i,t} = \max(8\%,\ CAR_{i,t}^{*}) - CAR_{i,t}$$

二、数据说明和描述

鉴于这是本书实证分析的第一部分，后续实证分析使用的样本与本节使用的样本高度一致，因此有必要详细叙述样本搜集过程。在研究时间窗口的选择上，一是要考虑我国商业银行资本监管的演变历史，二是要注意到数据的可得性。

首先，简要梳理一下我国银行资本监管的历史，2003 年银监会成立时，我国商业银行业的资本充足率状况极为不佳。为了改变这种资本薄弱的状况，并完善资本监管体系，银监会于 2004 年开始了第一轮资本监管改革。2004 年出台的《商业银行资本充足率管理办法》，第一次制定出了我国商业银行资本充足率监管的细节（包括计算方法、监管标准、最后达标期等），从而树立了资本监管在银行监管体系中的核心地位。2007 年 2 月，与巴塞尔协议Ⅱ相一致，银监会引发了《中国银行业实施新资本协议指导意见》，并于2007 年3 月修订了《商业银行资本充足率管理办法》。经过第一轮改革，我国银行监管资本要求与国际标准全面接轨，商业银行经营稳健性大幅增强，到 2008 年底，资本充足率达标家数已达 99.9%。第二轮改革始于 2008 年金融危机之后。危机后国际社会忙于全面修订《巴塞尔协议Ⅱ》，2010 年《巴塞尔协议Ⅲ》（The Basel Ⅲ Accord）正式发布。2012 年6 月，银监会正式发布被称为“中国版巴塞尔协议Ⅲ”的《商业银行资本管理办法（试行）》，对我国银行资本监管做出了新的规定。

从上述对银行业资本监管的历史变迁中可知，以 2004 年《商业银行资本充足率管理办法》的颁布为标志，我国开始实施“硬性”资本监管；金融危机后银监会又制定了新的《商业银行资本管理办法（试行）》并于

2013 年开始实施，[①] 可见 2004—2012 年我国银行业面临的资本监管政策较为稳定，因此本书在实证分析时还重点考虑这一时段内的情况。[②]

其次，考虑数据可得性。本书使用的银行微观数据主要来自 Bankscope 数据库和 Wind 数据库，并通过查阅银行年报补充了一些缺失值。截至 2012 年底，Bankscope 数据库收录了我国 198 家银行类金融机构的资产负债表和损益表信息。由于本书研究的是我国商业银行的资本结构调整问题，故仅保留了其中的中资商业银行，包括国有银行、股份制银行、城市商业银行、农村商业银行、农村合作社等。Wind 数据库对我国商业银行数据的统计有独到之处，其统计覆盖的银行范围广，数据翔实，但是覆盖的时间较短。因此，我们还对 Bankscope 数据库和 Wind 数据库进行了匹配。在具体进行实证分析时，我们还会结合所使用的计量方法对样本进行调整，如使用动态面板估计方法时，需要保证每个截面至少有连续 4 年的观测值，这会进一步剔除一些成立时间较晚或者数据披露不完备的商业银行。具体而言，我们首先剔除了总资产为空的观测值，在此基础上剔除缺乏连续 3 年总资产的商业银行，最后剩下的 88 家商业银行（包括 5 家大型国有银行、11 家全国性股份制商业银行、58 家城市商业银行、14 家农村商业银行）构成了本书研究样本。

如前文所述，目前我国商业银行已达 4000 多家，那么最先想到的顾虑是本书的样本代表性不足。不过，深入分析表明，未被纳入本书样本的商业银行都是规模较小的银行，本书样本基本可以反映我国银行业整体情况。

首先，从样本银行的规模来看，表 4. 1 汇报了 2004 —2012 年各年度样本的分布情况。从样本银行的类型来看，城市及农村商业银行观测值较

① 2013 年开始，5 大国有商业银行在计算资本充足率时开始使用权重法（其中，中国银行没有公布具体的权重数据），这也导致资本充足率在 2013 年后与之前的可比性较低。

② 目前 Bankscope 数据库能够提供的银行业最新数据为 2014 年，故单从数据可能性上我们可以采用 2004—2014 年这一研究窗口。在实证分析中，我们将分别采用 2004—2012 年和 2004—2014 年估计商业银行的目标资本充足率，发现两种情况下得到的结论基本一致。此外，通过描述性统计发现，两个时间窗口内各变量的关键统计特征也是一致的。

多，这与我国城商行、农商行数目较多的现实相符。①

表 4.1　　　　2004—2012 年样本的年度分布

年份	国有银行	股份制银行	城商行	农商行	总资产占比（%）
2004	4	6	17	3	52.58
2005	4	6	25	5	54.03
2006	4	7	32	6	54.21
2007	5	7	37	6	63.88
2008	5	9	46	8	69.30
2009	5	11	49	12	73.23
2010	5	11	56	14	73.78
2011	5	11	55	14	72.51
2012	5	11	50	13	70.86

注：（1）样本期间内深圳发展银行吸收合并平安银行后更名为平安银行，各项银行微观特征变量发生较大的变动，很多微观数据缺乏连续4年值，因此，本书股份制银行中没有包括平安银行。（2）总资产占比是指样本银行总资产占银行业金融机构总资产的比重，历年银行业金融机构总资产数据来自2012年银监会年报。

其次，从样本银行的地理分布来看，城市及农村商业银行的总部分布在全国23个省（自治区、直辖市），其中东部地区、中部地区、西部地区和东北地区分别有40家、8家、17家和7家。具体的地理分布为（括号内为家数）：东部地区包括北京（3）、天津（2）、河北（2）、上海（0）、江苏（6）、浙江（9）、福建（3）、山东（10）、广东（6）和海南（0）；中部地区包括山西（0）、安徽（0）、江西（2）、河南（3）、湖北（2）和湖南（1）；西部地区包括内蒙古（2）、广西（3）、重庆（1）、四川（5）、贵州（1）、云南（1）、西藏（0）、陕西（1）、甘肃（1）、青海（0）、宁夏（1）和新疆（1）；东北地区包括辽宁

① 尽管农商行多达400余家，但由于其财务数据完善度低，符合本书要求的农商行反而少于城商行。

（6）、吉林（1）和黑龙江（0）。

从样本银行规模来看，表 4.2 列示了 2004—2012 年我国银行业金融机构总资产和本书样本银行总资产情况。可见，本书样本银行总资产占比使用在银行业金融机构的 50% 以上，考虑到银行业金融机构中政策性银行、外资银行等非国内商业银行的金融机构，应该说基于本书样本的结果可以较好地反映整体情况。

表 4.2　　2004—2012 年样本银行的规模分布

年度	样本银行总资产（亿元）	银行业金融机构总资产（亿元）	占比（%）
2004	163197.6	315990	51.65
2005	195757.8	374697	52.24
2006	230667.8	439500	52.48
2007	329734.1	531160	62.08
2008	424030.7	631515	67.14
2009	550580.2	795146	69.24
2010	672392.8	953053	70.55
2011	808044.1	1132873	71.33
2012	985237.1	1336224	73.73

注：2004—2012 年银行业金融机构总资产数据来自 2014 年银监会年报。

为防止异常值对估计结果的干扰，我们对所有连续型银行微观特征变量进行了 1% 和 99% 分位数上的缩尾处理。表 4.3 为资本补充能力较强和较弱两组子样本中主要变量的描述性统计结果。总体而言，资本充足水平方面，城市及农村商业银行资本充足率均值高于国有及股份制银行，但其内部各银行资本充足率差异较大，并且距离目标资本充足率较远。控制变量中，两类银行净资产收益率基本持平，但城市及农村商业银行的不良贷款率较高。此外，国有及股份制银行的非利息收入占比相对较高，反映出其业务多元化程度更高。

表 4.3　　主要变量的描述性统计

银行分类	变量	观测值	均值	标准差	最小值	最大值
国有及股份制银行	CAR	101	11.61	1.68	6.70	15.44
	size	101	14.69	1.29	11.59	16.76
	roe	101	18.19	5.87	-6.21	30.64
	npl	99	1.53	1.12	0.10	4.69
	pcr	98	224.80	131.20	53.07	828.90
	lta	101	51.90	6.11	27.47	65.55
	dtl	101	75.25	8.27	49.45	89.23
	nii	101	15.99	6.41	3.83	29.26
	gdp	101	9.84	1.92	7.70	14.16
	m2	101	17.64	4.59	13.60	27.68
城市及农村商业银行	CAR	291	12.45	2.65	4.13	24.12
	size	334	11.04	1.03	8.59	14.11
	roe	334	18.98	7.75	-2.11	42.49
	npl	302	1.85	2.84	0.00	38.22
	pcr	298	250.90	151.70	1.86	962.60
	lta	334	49.12	10.61	14.53	72.23
	dtl	334	77.32	9.58	49.07	92.90
	nii	334	11.55	10.19	-1.89	48.68
	gdp	334	9.71	1.83	7.70	14.16
	m2	334	17.41	4.51	13.60	27.68

注：(1) 除 size 外，其余变量的单位均为%。(2) 样本中各变量存在不同程度的缺失现象，因此各变量观测值数目存在差异。

此外，我们还考察了两组银行中各解释变量之间的相关系数。从表4.4的相关系数矩阵中发现，各指标间皮尔逊相关系数的绝对值多数在0.4以下，可以认为模型中的多重共线性问题并不严重。

表 4.4　　两组银行中各主要微观变量的皮尔逊相关系数

变量	car	size	roe	npl	pcr	lta	dtl	niir
car	1	0.246***	-0.041	-0.298***	0.405***	-0.260***	-0.177***	-0.003
size	0.480***	1	-0.034	-0.104*	0.276***	-0.484***	-0.446***	0.026
roe	0.193*	0.167*	1	-0.183***	0.294***	-0.136**	0.049	0.014
npl	-0.196*	0.120	-0.538***	1	-0.462***	0.136**	0.131**	-0.033
pcr	0.306***	-0.128	0.327***	-0.727***	1	-0.350***	-0.241***	-0.034
lta	-0.139	-0.094	-0.226**	0.090	-0.222**	1	0.592***	-0.231***
dtl	-0.034	0.272***	-0.413***	0.526***	-0.422***	0.628***	1	-0.046
niir	0.161	0.501***	0.377***	-0.359***	0.123	-0.118	-0.171*	1

注：***、** 和 * 分别表示在 1%、5% 和 10% 的水平上显著。以表 4.4 中 1 为界限左下三角为国有和股份制银行组，右上三角为城市及农村商业银行组。

三、估计结果分析

计量模型和数据特征共同决定了模型的估计方法。一方面，无论是通过部分调整模型估计银行目标资本充足率，还是考察资本充足率缺口对银行资本及风险调整的影响，计量模型中均包含被解释变量的一阶滞后项，属于动态面板模型；另一方面，本书两类银行子样本分别对应于"16 × 9"和"72 ×9"的非平衡面板，银行数 N 比年数 T 大。两方面信息表明，本书模型适合采用广义矩估计（generalized method of moments，GMM）方法进行估计。由于差分 GMM 造成了一定的样本信息损失，系数估计的有效性会有所降低，而系统 GMM 同时估计包含变量水平值的原估计方程和进行一阶差分后的方程，较之差分 GMM 更为有效（Blundell & Bond，1998），因此本书将采用系统 GMM 估计方法。应用系统 GMM 估计方法，首先，需要在一阶段估计和两阶段估计之间做出选择，本书遵循温德迈耶（Windmeijer，2005）的建议采用两步纠偏 GMM 进行估计。其次，要考虑模型中解释变量是外生、前定还是内生的。在本章第一节式（4.8）中，我们设定 gdp、m2、银行梯队虚拟变量 typedum 和年度虚拟变量 yeardum

为外生变量，size 为前定变量，其他微观特征变量为内生变量。为避免因工具变量过多导致自由度大幅降低，本书限定最多使用变量的滞后 2 期作为工具变量。为确保模型估计有效性，在运用 GMM 方法时须进行过度识别检验和干扰项自相关检验。本书采用 Sargan 检验判断工具变量的有效性，零假设工具变量的选取是有效的；以一阶差分转换方程残差的二阶序列相关检验 AR（2）来判断原方程扰动项是否相关，零假设为不存在二阶自相关。

表4.5 列示了式（4.8）的估计结果。序列相关检验结果显示，扰动项的差分存在一阶自相关，但不存在二阶自相关，故认为模型扰动项无自相关。Sargan 检验无法拒绝所有工具变量有效的原假设，可以继续下一步分析。我们采取逐步加入控制变量的方法以确保估计结果的稳健性。第 1 列仅加入银行微观特征变量，第 2 列进一步控制了宏观经济层面的两个变量。但我们发现 gdp 和 m2 显著性较差，故第 3 列不再控制二者，而是控制年度虚拟变量。检验年度虚拟变量联合显著性的 wald 统计量表明模型中确实有必要加入年度虚拟变量。第 4、第 5 列则分别汇报了分银行类型的估计结果。

银行微观特征变量方面，规模 size 系数始终为正，但在所有回归中均不显著，可能是由“大而不倒”导致的风险承担和“越大监管越严”导致的风险规避共同作用的结果。事实上，在银行风险承担（bank risk taking）的相关实证文献中，用于度量银行风险的一个常用指标就是银行 Zscore（Z 值），而 Zscore 计算公式的分子部分就包含了银行资本的信息，一般情况，银行资本充足率越高，Zscore 越大，风险承担越小。因此，从银行规模和风险承担之间的关系上，可以得到有关银行规模和资本充足率关系的信息，事实上，对于银行规模和风险承担之间的关系并未定论（张琳，廉永辉，2013），相应地，本书也未发现规模和资本充足率之间存在显著关系。净资产收益率 roe 系数显著为正，说明盈利能力强的银行可将更多利润转增为资本。pcr 系数为负表明拨备覆盖率和资本充足率在增强银行风险抵御能力方面存在替代性。贷款比率 lta 系数在多数回归中显著为正，说明银行为确保稳健经营，会针对风险资产占比的上升调高资本充足率。非利息收入占比 nii 系数显著为负，原因在于非利息收入占比较高的银行业务多元化程度更高、风险分散能力更强、资本消耗更少，因此对资本数量的要求相对较低。此外，银行所属梯队也会影响资本充足率，第三和第四梯队银行的资本充足率高于第一梯队银行（见表 4.5 中第 1 ~ 第 3 列估计结果），而一、二（三、四）梯队银行之间资本充足率差异不明显（见表 4.5 中第 4、第 5 列估计结果）。

表 4.5 最后一行计算了银行资本充足率调整的半周期。全样本估计结果表明银行向目标资本充足率的调整速度约为 0.7（ =1 - 0.313），对应的调整半周期约为 1 年。换而言之，银行缩减一半的资本缺口大约需要 1 年左右的时间。进一步分银行类型估计表明，国有及股份制银行的调整半周期为 0.922 年，城市及农村商业银行的调整半周期为 1.203 年，说明国有及股份制银行调整速度更快，侧面印证了其具有较强的资本补充能力。

表 4.5　　银行目标资本充足率的估计结果

变量	全样本			强	弱
	(1)	(2)	(3)	(4)	(5)
$CAR_{i,t-1}$	0.344000 ***	0.349000 ***	0.313000 ***	0.248000 ***	0.424000 ***
	(60.050000)	(31.520000)	(27.290000)	(3.420000)	(5.370000)
$size_{i,t-1}$	0.070800	0.047900	0.075900	0.327000	-0.321000
	(0.750000)	(0.450000)	(0.740000)	(1.280000)	(-1)
$roe_{i,t-1}$	0.101000 ***	0.101000 ***	0.083800 ***	0.003170 **	0.080000 ***
	(2.140000)	(2.220000)	(6.680000)	(2.100000)	(3.120000)
$npl_{i,t-1}$	-0.005180	-0.015300	-0.011200	-0.713000 **	-0.033000
	(-0.410000)	(-0.950000)	(-0.320000)	(-2.090000)	(-0.560000)
$pcr_{i,t-1}$	-0.352000 ***	-0.414000 ***	-0.249000 **	-0.060400 ***	-0.000983
	(-5.420000)	(-5.670000)	(-2.260000)	(-3.200000)	(0)

续表

变量	全样本			强	弱
	(1)	(2)	(3)	(4)	(5)
$lta_{i,t-1}$	0. 040300 *** (10. 610000)	0. 049800 *** (9. 510000)	0. 007470 ** (2. 680000)	0. 001440 (0. 040000)	0. 013100 * (1. 850000)
$dtl_{i,t-1}$	-0. 008410 (-1. 200000)	-0. 013900 * (-1. 740000)	0. 001280 (0. 110000)	-0. 037400 (-0. 910000)	-0. 009140 (-0. 340000)
$nii_{i,t-1}$	-0. 041600 *** (-9. 060000)	-0. 039600 *** (-6. 550000)	-0. 037100 *** (-4. 320000)	-0. 070600 *** (-2. 730000)	-0. 018900 *** (-2. 950000)
type1				0. 729000 (0. 950000)	
type2	-1. 063000 (-1. 180000)	0. 040500 (0. 060000)	-0. 999000 (-1. 420000)		
type3	0. 443000 * (1. 890000)	0. 505000 * (1. 810000)	0. 422000 (1. 810000)		
type4	0. 590000 * (1. 940000)	0. 675000 *** (2. 650000)	0. 555000 ** (1. 990000)		1. 251000 (1. 450000)
m2		0. 007050 (0. 850000)			
gdp		-0. 033900 (-1. 620000)			
常数项	3. 097000 (1. 500000)	2. 578000 (1. 100000)	4. 151000 * (1. 870000)	9. 043000 *** (2. 630000)	11. 590000 ** (2. 430000)
yeardum			98. 080000 [0]	27. 410000 [0]	17. 910000 [0. 021000]
观测值	384	384	384	103	281
Sargan	70. 980000 [0. 977000]	58. 390000 [0. 801000]	60. 640000 [0. 906000]	118. 300000 [0. 627000]	150. 700000 [0. 167000]
arm1	-3. 757000 [0]	-3. 778000 [0]	-3. 589000 [0]	-2. 846000 [0. 003000]	-2. 756000 [0. 006000]

续表

变量	全样本			强	弱
	(1)	(2)	(3)	(4)	(5)
arm2	-1.898000 [0.057000]	-1.921000 [0.054000]	-1.934000 [0.053000]	-1.597000 [0.060000]	-1.749000 [0.082000]
半周期	1.057000	1.065000	1.009000	0.922000	1.203000

注：(1)“强”(“弱”)代表资本补充能力强(弱)的银行样本。(2)( )内为t统计量值，***、**和*分别表示估计系数在1%、5%和10%水平上显著。(3)虚拟变量type1 ~ type4分别对应国有银行、股份制银行、城商行和农商行四个梯队的商业银行。(4)yeardum为检验年度虚拟变量联合显著性的wald统计量值，Sargan为模型Sargan统计量值，arm1和arm2分别为扰动项一阶差分序列的一阶和二阶序列相关检验值，[ ]内为各统计量的p值。(5)调整半周期 = ln2/(1 - α)，α为$CAR_{i,t-1}$的系数估计值。

本书依据表4.5第3列估计结果计算目标资本充足率$CAR^*_{i,t}$，进而计算出资本充足率缺口$DEV_{i,t}$。[①] 表4.6统计了两组银行资本充足率缺口的符号和大小等信息以及资本充足率缺口的均值和中位数分布情况。就缺口符号而言，城市及农村商业银行中缺口符号为正的观测值约占2/3，而国有及股份制银行中该比例约为1/2，说明城市及农村商业银行资本短缺的情形更为普遍。就缺口大小而言，与国有及股份制银行相比，城市及农村商业银行中缺口较大的观测值占比明显更高，说明城市及农村商业银行的实际资本充足率距离目标资本充足率较远。城市及农村商业银行资本充足率缺口的均值和中位数均显著大于国有及股份制银行，再次印证了资本补充能力弱的银行整体而言资本短缺更为严重。

上述对我国商业银行目标资本充足率的估计和资本充足率缺口的描述表明，无论从两组银行资本充足率的调整速度还是资本充足率缺口的分布情况来看，将国有及股份制银行设定为资本补充能力较强的银行、将城市

① 通过描绘两组银行资本充足率缺口的概率密度分布情况，可以发现国有及股份制银行的资本充足率缺口更集中于0值附近，意味着资本补充能力强的银行整体而言更接近目标资本充足率。

及农村商业银行设定为资本补充能力较弱的银行，均有其实证依据。由此可见，本部分实证分析是后续分析的基础，一方面，确认了两组商业银行资补充能力的差异；另一方面，计算得到的资本充足率缺口也将用于后续对资本结构调整方式的分析。

表 4.6　　　　不同类型银行的资本充足率缺口比较

银行类型	缺口符号		缺口大小		缺口均值		缺口中位数	
	正	负	大	小	均值	差异	中位数	差异
国有及股份制银行	50	47	31	66	0.195	−0.525*	0.077	−0.748**
城市及农村商业银行	193	107	153	147	0.72		0.825	

注：(1) 缺口大（小）是指缺口的绝对值超过（低于）样本银行目标资本充足率的一个标准差。(2) ** 和 * 分别表示均值或中位数差异在 5% 和 10% 水平上显著。

四、稳健性检验

(1) 以资本资产比 eta 替代一般资本充足率 car。资本资产比的倒数即商业银行的杠杆率，尽管资本充足率是一种专门针对商业银行的实际情况而改进的特殊的杠杆率，但危机后，资本充足率的一些不良影响也开始为人们所注意。资本充足率的缺点主要体现在顺周期和监管套利两个方面。监管顺周期方面，2004 年发布的《巴塞尔协议Ⅱ》最受诟病的是，其与巴塞尔协议Ⅰ相比，反而加大了资本监管的顺周期性。监管套利方面，商业银行会利用资本充足率计算中的漏洞，尤其是分母（风险资产）计算中的漏洞。[①] 在此背景下，杠杆率的一些优点也就展现出来，一是杠

① 如巴塞尔协议出台之前，一些国家的风险资产计算中不包括表外业务风险，在表内资产业务受到资本约束时，商业银行便大力发展表外业务，获取收益；巴塞尔协议Ⅰ将表外业务的信用风险纳入风险资产计算后，银行则通过市场交易获取收益增长；巴塞尔协议Ⅱ则将信用风险、市场风险、操作风险全部纳入分母（风险资产）中，即便资产证券化风险也受到资本约束，但由于计算内容和方法仍不能覆盖银行所有风险（未能防范次贷危机），很快就出台了巴塞尔协议Ⅲ试图修补风险计算的漏洞。

杆率可以反映股东出资的真金白银对存款人的保护和抵御风险的作用，有利于维持银行的最低资本充足水平，确保银行拥有一定水平的高质量资本（普通股和留存利润）。二是能够避免加权风险资本充足率的复杂性问题，减少资本套利空间。从某种意义上讲，杠杆率和资本充足率之间的对比是静态指标和动态指标的对比。杠杆率是静态的资本充足率，可以理解为对所有资产类型采取相同风险权重、不考虑不同风险资产差异性的资本充足率。而资本充足率通过区分不同资产类型，并对不同资产确定各自的风险系数，可以动态地反映银行风险的总体状况。高杠杆率主要反映银行资产过度扩张风险，而低资本充足率除了源于风险资产过度扩张外，还可能是高风险资产占比上升所致。那么，在实证分析中，eta 是否具有和 car 相似的特征呢？

以 eta 作为资本结构指标时的估计结果，表 4.7 汇报了全样本和分样本情况下资本资产比调整的结果。为了简化，在此不再详细叙述与模型有效性相关的各种检验结果，而是集中分析各变量尤其是滞后一期变量 $eta_{i,t-1}$ 的估计系数 α。该系数反映了商业银行资本资产比的调整速度，两组银行 α 系数较为接近，说明二者调整资本资产比的速度相近。进一步地，按照半周期 $=\ln(2)/(1-\alpha)$ 的计算公式，计算出国有及股份制商业银行资本资产比缺口调整需要 1.22 年，而城市及农村商业银行资本资产比缺口也需要 1.24 年，两者相差较小，可见国有及股份制商业银行资本资产比的调整速度并没有明显地快于城市及农村商业银行。

换而言之，以 eta 作为银行资本结构变量时，我们无法判断哪些银行的资本调节能力更强。可能的原因有两条，一是与资本充足率 car 相比，资本资产比 eta 过于简单。由于 eta 的分子部分是银行的股本，属于核心资本，因而无法反映出商业银行附属资本补充能力的影响。二是商业银行对 eta 的重视程度弱于对 car 的重视程度。在资本监管广受关注的环境下，商业银行有资本充足率目标，并且会采取各种措施达到资本充足率目标，但可能并没有资本资产比目标。换而言之，eta 的变动可能是商业银行调整行为的结果，而非商业银行调整的目标。考虑到 eta 和 car 的上述差异，本书后续分析中主要以 car 作为银行资本结构指标。

表 4.7　　以 eta 为资本结构代理变量的回归结果

变量	(1) 全样本	(2) 强	(3) 弱
$eta_{i,t-1}$	0. 441000 *** (12. 020000)	0. 436000 *** (11. 200000)	0. 444000 *** (8. 990000)
$size_{i,t-1}$	0. 012300 (0. 090000)	0. 437000 *** (3. 490000)	-0. 388000 ** (-2. 200000)
$roe_{i,t-1}$	0. 029100 ** (2. 430000)	-0. 017500 (-1. 110000)	0. 043600 *** (3. 180000)
$npl_{i,t-1}$	0. 020400 (0. 630000)	-0. 174000 (-1. 470000)	-0. 007080 (-0. 200000)
$pcr_{i,t-1}$	0. 249000 *** (3. 750000)	0. 458000 *** (3. 600000)	-0. 019700 (-0. 170000)
$lta_{i,t-1}$	-0. 027800 * (-1. 720000)	0. 014000 (0. 670000)	-0. 018800 (-1. 060000)
$dtl_{i,t-1}$	0. 024400 * (1. 750000)	-0. 029000 (-1. 610000)	0. 011900 (0. 750000)
$nii_{i,t-1}$	-0. 000428 (-0. 040000)	-0. 021800 (-1. 460000)	0. 001910 (0. 170000)
m2	-0. 023000 * (-1. 870000)	-0. 047800 *** (-3. 190000)	-0. 017500 (-1. 130000)
gdp	-0. 043600 (-1. 020000)	0. 059500 (1. 100000)	-0. 093400 * (-1. 790000)
常数项	2. 977000 (1. 070000)	-0. 058900 (-0. 030000)	8. 216000 *** (2. 590000)
typedum	yes	yes	yes
yeardum	yes	yes	yes
观测值	446	107	339
sargan	231. 100000 [0. 995000]	161. 800000 [0. 842000]	202. 400000 [0. 999000]

续表

变量	(1) 全样本	(2) 强	(3) 弱
arm1	-4.489000 [0]	-0.798000 [0]	-3.746000 [0]
arm2	-1.571000 [0.122000]	-1.213000 [0.140000]	-1.228000 [0.074000]
半周期	1.230000	1.220000	1.240000

注：(1)“强”(“弱”)代表资本补充能力强（弱）的银行样本。(2)( ) 内为t统计量值，***、**和*分别表示估计系数在1%、5%和10%水平上显著。(3) yeardum 和 typedum 分别表示控制了年度虚拟变量和银行梯队虚拟变量。(4) Sargan 为模型 Sargan 统计量值，arm1 和 arm2 分别为扰动项一阶差分序列的一阶和二阶序列相关检验值，[ ] 内为各统计量的 p 值。(5) 调整半周期 = ln2/(1 - α)，α 为 $eta_{i,t-1}$ 的系数估计值。

(2) 以核心资本充足率替换一般资本充足率。自巴塞尔协议Ⅰ以来，资本充足率监管就分为对核心资本充足率的监管和对一般资本充足率的监管。巴塞尔协议Ⅲ更是强调高质量资本在抵御风险方面的重要作用。为探讨两组商业银行的核心资本充足率是否具有和一般资本充足率相似的特征，我们将实证模型中被解释变量替换为核心资本充足率 tier1，相应的回归结果如表 4.8 所示。

表 4.8　以 tier1 为资本结构代理变量的回归结果

变量	(1) 全样本	(2) 强	(3) 弱
$tier1_{i,t-1}$	0.452000*** (9.570000)	0.264000*** (4.250000)	0.486000*** (8.110000)
$size_{i,t-1}$	-0.053600 (-0.260000)	0.052800 (0.250000)	-0.298000 (-1.140000)
$roe_{i,t-1}$	0.058300*** (2.730000)	-0.037200 (-1.280000)	0.060800*** (2.780000)

续表

变量	(1) 全样本	(2) 强	(3) 弱
$npl_{i,t-1}$	-0.035400 (-0.660000)	-0.765000*** (-3.590000)	-0.008880 (-0.160000)
$pcr_{i,t-1}$	-0.297000 (-1.490000)	0.205000 (0.760000)	-0.118000 (-0.620000)
$lta_{i,t-1}$	-0.005980 (-0.220000)	-0.011100 (-0.260000)	-0.000307 (-0.010000)
$dtl_{i,t-1}$	0.024600 (1.210000)	-0.037200 (-1.080000)	0.018900 (0.900000)
$nii_{i,t-1}$	-0.036800** (-1.980000)	-0.064800*** (-2.630000)	-0.006900 (-0.350000)
m2	-0.017600 (-0.850000)	-0.086000*** (-3.390000)	-0.002660 (-0.100000)
gdp	-0.041400 (-0.560000)	0.287000*** (2.970000)	-0.178000** (-1.990000)
typedum	yes	yes	yes
yeardum	yes	yes	yes
常数项	6.140000 (1.500000)	11.200000*** (2.890000)	9.509000* (1.880000)
观测值	358	102	256
sargan	202 [0.996000]	117.200000 [0.999000]	169.700000 [0.979000]
arm1	-3.140000 [0]	-2.225000 [0.003000]	-2.461000 [0]
arm2	-1.752000 [0.272000]	-0.436000 [0.075000]	-1.233000 [0.156000]
半周期	1.260000	0.940000	1.350000

注：(1)“强”（“弱”）代表资本补充能力强（弱）的银行样本。(2)() 内为t统计量值，***、**和*分别表示估计系数在1%、5%和10%水平上显著。(3) yeardum 和 typedum 分别表示控制了年度虚拟变量和银行梯队虚拟变量。(4) Sargan 为模型 Sargan 统计量值，arm1 和 arm2 分别为扰动项一阶差分序列的一阶和二阶序列相关检验值，[] 内为各统计量的 p 值。(5) 调整半周期 = ln2/(1 − α)，α 为 $eta_{i,t-1}$ 的系数估计值。

表4.8显示，在国有及股份制银行组中上期核心资本充足率系数为0.264000，明显低于城市及农村商业银行组中的上期核心资本充足率的系数0.486000，说明国有及股份制银行核心资本调整速度更快，反映出其在内源式资本补充和上市融资方面的优势。比较表4.8与表4.5中两组银行调整tier1和car的半周期，发现调整tier1所用的时间更长，这说明相比调整一般资本充足率，商业银行调整核心资本充足率时面临的阻力更大，因而调整速度更慢。总之，以核心资本充足率替换一般资本充足率，得到的结论基本保持不变。

（3）变换分组方法。前述分析中将国有及股份制银行划归为资本补充能力强的银行，将城市及农村商业银行划归为资本补充能力弱的银行，这种分组方法的不足之处在于无法充分反映两组内部和两组之间细分类型银行的资本补充能力差异，包括国有银行和股份制银行的差异、城商行和农商行的差异、上市股份制银行和未上市股份制银行的差异、上市城商行和未上市城商行的差异、上市城商行和未上市股份制银行的差异。为确保正文分组回归结果的稳健性，本书还进行以下三种分组方案的调整：①在原有的资本补充能力较强的组中剔除未上市股份制银行，得到“强组中的强者”；②单独考虑农商行，即“弱组中的弱者”；③借鉴公司金融领域中常见的衡量融资约束的方法，以银行规模作为银行资本补充能力的代理变量，[①] 并按银行规模分组。[②]

第三节 本章小节

本章将国有及股份制银行和城市及农村商业银行分别划为资本补充能

① 融资约束反映了企业外源融资面临的摩擦，由于资本补充能力强的银行在补充资本时的摩擦较小，可以说资本补充能力强的银行面临的“融资约束”弱。

② 具体分组方法是，按照银行各年度的平均规模，将平均规模较大（较小）的44家银行划为资本补充能力强（弱）的银行。分组后发现，5家国有银行、11家股份制银行和3家A股上市的城市商业银行均处于规模较大组。

力较强和较弱的银行，在此基础上应用2004—2012年由16家国有及股份制银行和72家城市及农村商业银行构成的年度非平衡面板数据，通过部分调整模型测算了各银行的目标资本充足率和资本充足率缺口。

（1）通过估计商业银行资本结构的部分调整模型，发现资本充足率倾向于回归到一个由银行微观特征所决定的目标值。这些微观特征主要反映了银行自身的经营模式和风险收益状况，说明商业银行通过权衡资本充足率调整的成本和收益，不断趋近最优资本充足率。

（2）实证模型发现了国有及股份制银行和城市及农村商业银行在资本调整能力方面存在差异的增加。一方面，国有和股份制银行组中上一期资本充足率的系数β小于城市及农村商业银行，说明前者资本充足率调整受上期影响更小、调整半周期更短，既资本补充能力强（弱）的商业银行资本调整速度快（慢）。另一方面，除了对两组银行β系数大小进行比较，本章还分析了两组银行的资本充足率偏离程度（即实际资本充足率与目标资本充足率的差额），发现国有和股份制银行资本充足率偏离程度明显低于城市及农村商业银行。

第五章

商业银行资本结构的调整方式

第一节 资本补充能力影响资本充足率调整方式的理论分析

在明确了商业银行存在目标资本充足率后面临的问题是，当实际资本充足率偏离目标资本充足率，即存在资本充足率缺口的情况下，商业银行可以采取哪些措施来调整资本充足率缺口？

理论上，资本充足率为监管资本（regulatory capital）与风险加权资产（risk weighted assets）之比，因此商业银行既可以运用分子策略调整监管资本（资本调整），也可以运用分母策略调整风险加权资产（资产调整）。实证方面，伯罗斯皮德和埃奇（2010）发现资本充足率缺口对美国银行贷款增速产生了程度较弱的抑制作用。莫林和托伊瓦宁（2012）的研究表明，资本充足率缺口为正时，欧元区国家银行会显著减小信贷投放和证券持有。弗朗西斯和奥斯本（2012）则利用英国银行业数据全面考察了银行的资产调整和资本调整，他们以贷款资产、总资产、风险加权资产、总资本和一级资本等变量对资本充足率缺口进行回归，发现资本充足率缺口越大，贷款、总资产、风险加权资产增长率越低，而总资本、一级资本增长率越高。沙德鲍尔（2014）利用美国上市金融机构（其中55%为商业银行）、克里斯托弗和舍彭（2013）利用欧盟国家银行业数据均得到了与弗朗西斯和奥斯本（2012）类似的结论。

上述研究为探讨资本充足率缺口下我国银行的资产和风险调整行为提供了有益借鉴，但它们并没有深入考察不同类型银行调整行为的差异，因而也就无法回答“哪些银行主要依赖资本调整、哪些银行主要依赖风险调整”这一问题。相比之下，本书按照银行资本补充能力强弱将我国银行分为两类，发现资本补充能力强的银行主要进行资本调整，而资本补充能力弱的银行主要进行风险调整。具体包括以下的数理模型。

银行通过改变监管资本和风险加权资产以调整资本充足率缺口，而两种方式均存在一定的调整成本，其相对成本必然会影响银行的调整行为。资本补充能力弱的银行资本（资产）调整的成本相对更高（更低），因此其资本调整幅度较小、资产调整幅度更大，资本补充能力强的银行则恰好与其相反。根据上述思想，我们构建以下简化模型化。

$t=0$ 时期银行的实际资本充足率为：

$$car_0 = \frac{cap_0}{rwa_0} \tag{5.1}$$

其中，car、cap、和 rwa 分别代表资本充足率、监管资本和风险加权资产。银行根据自身经营状况设定的目标资本充足率为 car^*。为了简化，模型只包含两期，这意味着在 $t=1$ 时期银行必须通过调整 cap 或 rwa 达到 car^*，因此要求：

$$car_1 = car^* = \frac{cap_1}{rwa_1} \tag{5.2}$$

按照惯例，我们将调整成本函数设定为二次形式。为达到目标资本充足率，银行面临的总调整成本为：

$$TC(cap_1,\ rwa_1) = \delta_c\left(\frac{cap_1 - cap_0}{cap_0}\right)^2 + \delta_r\left(\frac{rwa_1 - rwa_0}{rwa_0}\right)^2 \tag{5.3}$$

其中，δ_c 和 δ_r 分别是银行调整资本和调整风险资产的难度系数，显然资本补充能力较弱的银行 δ_c 取值较高。银行面临的问题是，在保证自身能够达到目标资本充足率的前提下最小化总调整成本。目标函数在定义域上是凸函数，且约束条件不存在不等式约束，因此这是一个典型的凸规划问题，存在唯一最优解。求解该问题并简化后，我们得到银行的资本调整幅度为：

$$\left|\frac{cap_1 - cap_0}{cap_0}\right| = \frac{\left|\dfrac{car_1}{car_0} - 1\right|}{car_1^2\dfrac{\delta_c'}{\delta_r'} + 1} \tag{5.4}$$

银行的资产调整幅度为：

$$\left|\frac{rwa_1 - rwa_0}{rwa_0}\right| = \frac{\left|\dfrac{car_0}{car_1} - 1\right|}{\dfrac{1}{car_1^2}\dfrac{\delta_r'}{\delta_c'} + 1} \tag{5.5}$$

其中，$\delta_c' = \dfrac{\delta_c}{cap_0^2}$，$\delta_r' = \dfrac{\delta_r}{rwa_0^2}$。

由式（5.4）和式（5.5）式可知，资本调整幅度是 δ_c 的减函数，而资产调整幅度是 δ_c 的增函数。假设存在 A、B 两类银行，它们的唯一区别在于 A 类银行的资本补充能力更弱（$\delta_c^A > \delta_c^B$），则为达到目标资本充足率，A 类银行的资本调整幅度小于 B 类银行，而风险资产调整幅度大于 B 类银行。换而言之，资本补充能力弱的银行更多地通过调整资产而非调整资本来弥补资本充足率缺口。据此我们提出以下假设。

假设 H1a：对于资本补充能力强的银行，资本充足率缺口与风险加权资产增长速度无明显关系，与监管资本的增长速度正相关。

假设 H1b：对于资本补充能力弱的银行，资本充足率缺口与风险加权资产增长速度负相关，与监管资本的增长速度无明显关系。

按资本补充渠道，资本补充可分为内源式和外源式补充。首先，内源式融资交易成本低，应当是银行补充资本的首要选择。然而随着我国商业银行扩张加快，利润增长很难跟上风险资产的增长，仅仅依靠留存收益无法满足银行的资本补充需求，因此我国银行更加依赖外部融资方式（李维安，王倩，2012）。成洁（2014）对我国商业银行资本补充机制的分析也发现我国银行比较依赖资本市场融资，内源资本补充机制尚未形成。

假设 H2a：无论银行资本补充能力强弱，资本充足率缺口与留存收益增长速度均无明显关系。

其次，外源式资本补充又可分为核心资本补充和附属资本补充。由于城市及农村商业银行较少发行次级债，附属资本的补充渠道狭窄，因此资本补充主要依赖核心资本。增资扩股的权益性融资是银行补充核心资本的主要方式，虽然城市及农村商业银行大多因没有上市股权融资能力相对较弱，但依然可以通过引进战略投资者、上市国企、民营资本等方式补充股权类资本。相比之下，国有及股份制银行既可以通过股票市场再融资补充核心资本，也可以通过发行次级债补充附属资本。

假设 H2b：对于资本补充能力强的银行，资本充足率缺口与股本和资本公积之和的增长速度正相关，与次级债增长速度正相关。

假设 H2c：对于资本补充能力弱的银行，资本充足率缺口与股本和资本公积之和的增长速度正相关，与次级债增长速度无明显关系。

资产调整方面，我们从总量调整和结构调整两方面加以细分，一是资产规模和信贷总量。虽然理论上风险加权资产能够更为准确地反映银行的风险状况，但是现实应用中风险系数的设定与真实情况存在偏差，导致其反映银行风险的效果大打折扣（Blum，2008；成洁，2014）。此时，银行资产负债表规模和信贷供给的变动可以作为判断银行风险调整的辅助信息，资产负债表收缩或信贷收缩意味着银行试图降低风险承担。参照假设 H1，我们提出以下假设。

假设 H3a：对于资本补充能力强的银行，资本充足率缺口与总资产增长速度和贷款增长速度无明显关系。

假设 H3b：对于资本补充能力弱的银行，资本充足率缺口与总资产增长速度及贷款增长速度负相关。

二是资产结构。商业银行的两大类风险资产为信贷资产和证券资产。

通常情况下，证券资产的风险权重小于信贷资产，[①] 这就为商业银行通过重新配置资产组合（reshuffle asset portfolio）改变风险加权资产创造了条件。例如，商业银行可以通过降低风险权重较大的信贷资产以弥补资本充足率缺口，但同时增持风险权重较小的证券资产以期一定程度上抵消信贷紧缩对盈利的负面冲击。当然，也有可能出现信贷资产和证券资产同方向变动的“剧烈”调整。由于银行的资本补充能力并不直接影响其证券资产持有，因此我们对资本充足率缺口和证券资产持有之间的关系不做假设，具体情况有待实证检验予以确定。

第二节 资本充足率调整方式的实证分析

一、模型设定和变量选择

刻画黏性调整的计量模型首选包含被解释变量滞后项的模型，因此本书使用以下动态面板模型考察资本充足率缺口对银行资本项目和资产项目的影响：

$$\Delta BS_{i,t} = \alpha_i + \phi\Delta BS_{i,t-1} + \delta DEV_{i,t} + \varphi CV_{i,t-1} + \varepsilon_{i,t} \tag{5.6}$$

$BS_{i,t}$是可能受到资本充足率缺口影响的银行资产负债表项目。与弗朗西斯和奥斯本（2013）、沙德鲍尔（2014）一致，本书取其增长率形式$\Delta BS_{i,t}$作为被解释变量。$BS_{i,t}$中与资本充足率分母有关的项目包括风险加权资产 RWA、总资产 TA、信贷资产 LOAN 和证券资产 SEC，与资本充足率分子有关的项目包括总监管资本 TC、股本和资本公积之和 SH、留存收

① 信贷资产主要包括对企业贷款和对居民贷款，二者风险权重分别为 100% 和 50%；证券资产主要是政府发行的债券，风险权重为 0，更为细致的银行各类资产的风险权重参见《商业银行资本管理办法（试行）》。

益 PR 和次级债 SOD。

被解释变量的一阶滞后项 $\Delta BS_{i,t-1}$ 反映了银行资本和资产调整行为的持续性特征。控制变量 $CV_{i,t-1}$ 包括银行规模、盈利能力、资产结构和风险状况等四个常见的银行微观特征变量，分别以总资产的自然对数 size、净资产收益率 roe、流动性比率 lr（即流动性资产与总资产之比）和不良贷款率 npl 衡量。此外，所有回归中均对 gdp、m2 和年度虚拟变量加以控制。

模型的核心解释变量 dev 即资本充足率缺口。系数 δ 反映了银行对资本充足率缺口的调整信息。我们分别应用国有及股份制银行样本和城市及农村商业银行样本来估计式（5.6），并通过比较两种情况下 δ 的大小和显著性来明确资本补充能力对银行资本充足率缺口调整行为的影响。

二、数据说明和描述

为防止异常值对估计结果的干扰，我们对所有连续型银行微观特征变量进行了 1% 和 99% 分位数上的缩尾处理。表 5.1 为主要变量的描述性统计结果。[①] 资本和风险调整幅度方面，国有及股份制银行的调整幅度低于城市及农村商业银行，可能是由于其资本和风险加权资产的基数较大。资本细分项目中，两类银行留存收益增长率和股本及资本公积增长率相近，[②] 但国有及股份制银行次级债增长速度明显高于城市及农村商业银行。资产细分项目中，国有及股份制银行的各类资产基数较大，导致其总资产、贷款和证券的增长率均低于城市及农村商业银行。

---

① 此外，我们还考察了各解释变量之间的相关系数，发现各解释变量皮尔逊相关系数的绝对值多数在 0.4 以下，可以认为模型中的多重共线性问题并不严重。

② 少数银行出现了股本和资本公积的增长率为负的观测值，查阅报表发现，其原因在于这些银行资本公积项下其他综合收益（主要是可供出售金融资产公允价值变动净额）为负。

表 5.1 **主要变量的描述性统计**

银行类型	变量	观测值	均值	标准差	最小值	最大值
国有及股份制银行	CAR	101	11.61	1.68	6.70	15.44
	DEV	101	-2.86	1.75	-6.65	4.04
	ΔCAP	95	30.27	25.31	0.00	133.50
	ΔRWA	94	25.15	14.12	0.00	88.77
	ΔPR	101	68.99	118.80	-100.00	487.70
	ΔSH	96	25.86	42.29	-2.54	146.40
	ΔSOD	93	26.19	52.08	-33.85	169.50
	ΔTA	101	22.65	12.19	4.45	65.25
	ΔLOAN	101	20.30	9.66	5.66	52.41
	ΔSEC	101	25.00	32.51	-21.12	165.80
	size	101	14.69	1.29	11.59	16.76
	roe	101	18.19	5.87	-6.21	30.64
	npl	99	1.53	1.12	0.10	4.69
	pcr	98	224.80	131.20	53.07	828.90
	lta	101	51.90	6.11	27.47	65.55
	dtl	101	75.25	8.27	49.45	89.23
	nii	101	15.99	6.41	3.83	29.26
	gdp	101	9.84	1.92	7.70	14.16
	m2	101	17.64	4.59	13.60	27.68
城市及农村商业银行	CAR	291	12.45	2.65	4.13	24.12
	DEV	286	-3.53	2.41	-13.95	3.78
	ΔCAP	221	43.42	48.44	-3.61	316.71
	ΔRWA	170	31.01	24.66	-10.18	144.77
	ΔPR	316	68.40	115.6	-87.92	461.40
	ΔSH	299	29.17	46.65	-2.74	160.70
	ΔSOD	77	17.54	52.19	-34.61	185.70
	ΔTA	334	28.09	16.22	4.66	64.96
	ΔLOAN	334	22.73	9.87	6.54	46.19

续表

银行类型	变量	观测值	均值	标准差	最小值	最大值
城市及农村商业银行	ΔSEC	334	43.26	57.90	-21.29	208.20
	size	334	11.04	1.03	8.59	14.11
	roe	334	18.98	7.75	-2.11	42.49
	npl	302	1.85	2.84	0.00	38.22
	pcr	298	250.90	151.70	1.86	962.60
	lta	334	49.12	10.61	14.53	72.23
	dtl	334	77.32	9.58	49.07	92.90
	nii	334	11.55	10.19	-1.89	48.68
	gdp	334	9.71	1.83	7.70	14.16
	m2	334	17.41	4.51	13.60	27.68

注：(1) 除 size 外，其余变量的单位均为%。(2) 样本中各变量存在不同程度的缺失现象，故各变量观测值数目存在差异。

三、估计结果分析

如前所述，计量模型和数据特征共同决定了模型的估计方法。一方面，考察资本充足率缺口对银行资本及风险调整的影响，计量模型中包含被解释变量的一阶滞后项，属于动态面板模型；另一方面，本书两类银行子样本分别对应于"16×9"和"72×9"的非平衡面板，银行数N比年数T大。两方面信息表明，本书模型适合采用GMM方法进行估计。具体而言，本节采用两阶段系统GMM估计模型，具体细节与本章第一节基本一致，故此不予详述。

(1) 资本充足率缺口下银行的资本和风险调整情况。表5.2列示了两组银行的监管资本和风险加权资产对资本充足率缺口的反应。为了简化，我们不再详细叙述与模型有效性相关的各种检验结果，而是集中分析各变量，尤其是核心解释变量DEV的估计系数。国有及股份制银行组中，DEV对监管资本增速ΔCAP具有显著的正向影响，而对风险加权资产增速

ΔRWA 没有显著影响。这说明偏离目标资本充足率时，资本补充能力强的银行主要依赖资本调整，资本充足率缺口越大，监管资本增长越快，与假设 H1 相符。城市及农村商业银行组中，DEV 对 ΔCAP 无显著影响，说明偏离目标资本充足率时，资本补充能力弱的银行没能有效调整资本。但其 ΔRWA 也未对资本充足率缺口做出明显调整，这与假设 H2 不符。成洁（2014）认为，2012 年以前我国银行遵循的资本监管规则主要依据《巴塞尔协议 I》，风险权重的设定并不考虑违约概率、违约风险暴露及期限等因素，而是单纯对不同类型资产赋予特定权值，这种较为粗糙的分类方式使得风险加权资产无法真实反映银行资产中蕴含的风险水平，由此导致风险加权资产对资本充足率缺口不敏感。

控制变量方面，国有及股份制银行组中被解释变量的一阶滞后均为正，说明其资本和风险调整行为具有一定的惯性。城市及农村商业银行组中 ΔCAP 的一阶滞后项系数显著为负，说明上期监管资本增长过快的话，当期资本增速存在反向调整压力，这在一定程度上反映了城市及农村商业银行资本补充的不稳定性。银行微观层面控制变量中，银行规模越大，国有及股份制银行的资本增长和风险增长越慢，而城市及农村商业银行恰好与之相反，可能是因为城市及农村商业银行中规模较大者业务发展速度较快。宏观层面控制变量中，经济形势越好、货币环境越宽松，银行补充资本更为便利，因此监管资本增长速度更快。gdp 上升可以降低银行风险资产增速，反映出经济环境较好时信贷质量较好；而 m2 上升却会提高银行风险资产增速，可能是因为此时银行风险承担动机更为强烈（张雪兰，何德旭，2012）。

表 5.2 资本充足率缺口下银行资本和风险的调整行为

变量	监管资本增长率 ΔCAP		风险加权资产增长率 ΔRWA	
	（1）强	（2）弱	（3）强	（4）弱
$\Delta CAP_{i,t-1}$	0.0333 （0.5800）	-0.8890* （-1.8900）		

续表

变量	监管资本增长率 ΔCAP		风险加权资产增长率 ΔRWA	
	（1）强	（2）弱	（3）强	（4）弱
$\Delta RWA_{i,t-1}$			0.2340*** (2.7600)	0.1760* (1.9400)
$DEV_{i,t}$	12.1900*** (8.8600)	30.5900 (1.3700)	-0.9860 (-1.6000)	-22.4300 (-0.6200)
$size_{i,t-1}$	-14.5100*** (-7.8000)	122.9000*** (2.7800)	-7.8280*** (-7.3100)	163.4000* (1.9500)
$lr_{i,t-1}$	-0.3000 (-1.1900)	14.1100*** (3.5600)	-0.4750*** (-3.5500)	-10.6700*** (-2.7300)
$roe_{i,t-1}$	0.6980 (1.4600)	9.9710** (2.1900)	-0.3290 (-1.2800)	0.0508 (0)
$npl_{i,t-1}$	-6.4190** (-2.2500)	-2.0750 (-0.1800)	-1.6920 (-1.0300)	18.1100 (0.3600)
$gdp_{i,t}$	1.8450** (2.2300)	58.4800*** (2.8200)	-2.5950*** (-3.2300)	-23.6600*** (-2.3900)
$m2_{i,t}$	0.9800*** (2.7800)	8.3700 (1.4000)	0.3090* (1.6500)	12.6400 (0.7900)
常数项	251.8000*** (5.9600)	-246.6000*** (-3.4700)	181.5000*** (7.1500)	-990.6000*** (-2.5700)
yeardum	24.0600 [0]	22.6500 [0]	48.0100 [0]	23.8800 [0]
观测值	83	169	81	118
Sargan	115.5000 [0.1750]	193.4000 [0.1120]	79.0700 [0.8480]	98.5400 [0.1490]
arm1	-3.2450 [0.0220]	-4.8060 [0]	-2.2670 [0.0520]	-1.0340 [0.1030]
arm2	-0.5330 [0.6460]	-0.6750 [0.4990]	-0.9230 [0.2560]	-0.8240 [0.4090]

注：(1)"强"("弱")代表资本补充能力强（弱）的银行样本。(2)( )内为t统计量值，***、**和*分别表示估计系数在1%、5%和10%水平上显著。(3) yeardum为检验年度虚拟变量联合显著性的wald统计量值，Sargan为模型Sargan统计量值，arm1和arm2分别为扰动项一阶差分序列的一阶和二阶序列相关检验值，[ ]内为各统计量的p值。

（2）不同资本补充能力银行资本细项的调整情况。表5.3列示了资本充足率缺口DEV对银行留存收益增速ΔPR、股本与资本公积增速ΔSH和次级债增速ΔSOD的影响。第（1）和第（2）列回归结果显示，DEV对两类银行的ΔPR无显著影响，说明银行没能有效运用利润转增资本的方式弥补资本充足率缺口，这与李维安和王倩（2012）、成洁（2014）在研究监管压力对银行资本补充影响时的发现一致。我国银行利润留存难以满足资产的增长，必须依赖频繁的外部融资，反映出我国银行内源资本补充机制尚不完善的现实。第（3）和第（4）列回归中DEV显著为正，说明银行面对资本缺口时会调整股权融资力度。进一步比较发现，国有及股份制银行组中DEV系数的大小和显著性均高于城市及农村商业银行组，反映出前一类银行在股权融资方面更具优势。第（5）和第（6）列回归中，DEV对国有及股份制银行的ΔSOD有显著正向影响，对城市及农村商业银行的ΔSOD无显著影响，这说明前者会积极利用次级债工具管理资本缺口，而后者则无法有效利用这一工具。综上可知，当偏离目标资本充足率时，资本补充能力弱的银行仅能通过股权融资调整核心资本，而资本补充能力强的银行既会通过股权融资调整核心资本，也会运用次级债调整附属资本。

表5.3　　资本充足率缺口对银行资本项目调整的影响

变量	留存收益增长率 ΔPR		股本和资本公积增长率 ΔSH		次级债增长率 ΔSOD	
	（1）强	（2）弱	（3）强	（4）弱	（5）强	（6）弱
$\Delta PR_{i,t-1}$	0.0185*** (8.1700)	0.0171*** (65.1400)				
$\Delta SH_{i,t-1}$			0.1530* (1.6800)	-0.0253*** (-7.9900)		
$\Delta SOD_{i,t-1}$					-0.0777 (-0.5000)	-0.4210** (-2.2700)
$DEV_{i,t}$	17.6600 (1.7500)	128.9000 (1.6300)	9.1440*** (3.5500)	3.6610* (1.7500)	20.9600** (2.4800)	7.8280 (1.2400)

续表

变量	留存收益增长率 ΔPR		股本和资本公积增长率 ΔSH		次级债增长率 ΔSOD	
	（1）强	（2）弱	（3）强	（4）弱	（5）强	（6）弱
$size_{i,t-1}$	-17.6600* (-1.8500)	-161.7000 (-1.5800)	-12.9800*** (-2.8400)	-7.9910 (-0.5400)	-20.9600** (-2.4800)	-22.7900 (-1.3400)
$lr_{i,t-1}$	5.2510 (0.3600)	-27.4100*** (-121.6000)	-0.1820 (-0.2000)	0.8340*** (12.4700)	-19.6500 (-1.5000)	-7.0860* (-1.8200)
$roe_{i,t-1}$	2.4080 (0.7300)	14.0200*** (29.7500)	0.3170 (0.4600)	0.4990*** (7.8700)	2.0120 (0.4800)	-0.2220 (-0.2000)
$npl_{i,t-1}$	-3.3030 (-1.2900)	-50.3100*** (-228.7500)	-9.7080* (-1.9000)	-3.1650*** (-37.3000)	1.3110 (0.6800)	-3.2910 (-0.5500)
$gdp_{i,t}$	42.0100** (2.2500)	34.2700*** (66.3300)	5.7760* (1.9200)	0.6850** (2.4100)	5.7520 (0.3300)	-28.5600** (-2.2500)
$m2_{i,t}$	26.7700** (2.3900)	89.3800 (1.4500)	0.5750 (0.7500)	1.2960*** (7.6700)	-0.8250 (-0.0800)	7.0490 (1.5800)
常数项	-0.7300** (-2.2600)	6.3020** (2.2300)	193.2000** (2.0400)	67.3400** (2.1100)	1.9260 (0.7600)	37.7500 (0.1500)
yeardum	5.6800 [0.0420]	527.7700 [0.0010]	19.4700 [0]	151.2600 [0]	1.5500 [0.1320]	86.5600 [0]
观测值	89	247	83	233	80	42
Sargan	91.0500 [1]	51.4600 [0.8450]	90.3200 [1]	90.4900 [1]	77.9600 [1]	24.1000 [0.6330]
arm1	-1.9510 [0.0510]	-2.4020 [0.0040]	-1.9670 [0.0490]	-3.0940 [0.0020]	-1.7260 [0.0590]	-1.6240 [0.0940]
arm2	-1.4630 [0.1440]	-1.2540 [0.1080]	-0.9690 [0.3330]	-0.4770 [0.6340]	-0.3430 [0.7320]	0.8750 [0.3820]

注：（1）“强”（“弱”）代表资本补充能力强（弱）的银行样本。（2）（）内为t统计量值，***、**和*分别表示估计系数在1%、5%和10%水平上显著。（3）yeardum为检验年度虚拟变量联合显著性的wald统计量值，Sargan为模型Sargan统计量值，arm1和arm2分别为扰动项一阶差分序列的一阶和二阶序列相关检验值，[ ]内为各统计量的p值。

从被解释变量滞后项的系数符号可知，两类银行留存收益增长率均具有一定的连贯性；但在外源式资本补充方面，城市及农村商业银行表现出明显的反向调整倾向，与表5.2第（2）列回归相一致。银行微观控制变量中，规模变量系数符号全部为负，但在城市及农村商业银行组中均不显著，说明国有及股份制银行中规模较大者资本增长较慢；盈利水平上升有助于城市及农村商业银行提升留存收益增速和股本与资本公积增速，但对次级债增速无显著影响；不良贷款率上升则对两类银行的核心资本补充造成了不利影响。此外，经济形势越好、货币政策越宽松，两类银行的核心资本增速越快，但次级债发行与宏观经济环境基本无关。

（3）不同资本补充能力银行各资产细项的调整情况。表5.4列示了资本充足率缺口DEV对银行总资产增速ΔTA、信贷资产增速ΔLOAN和证券资产增速ΔSEC的影响。第（1）和第（2）列回归结果与第（3）和第（4）列回归结果是一致的，即国有及股份制银行组中，DEV对ΔTA和ΔLOAN均无显著影响；而城市及农村商业银行组中，DEV对ΔTA和ΔLOAN均具有显著的负向影响。调整贷款尤其是紧缩信贷通常对应着较大的调整成本，一方面，银行建立和维系客户关系需要较大成本，一般不会拒绝续贷或发放新贷款；另一方面，银行将流动性较低的信贷从资产负债表中剥离较为困难，在转让或出售时往往不得不接受较低报价。因此，在资本补充方面具有优势的国有及股份制银行一般不会选择收缩资产负债表或紧缩信贷投放来提高资本充足率；而城市及农村商业银行资本补充较为困难，信贷及资产调整成为不得已的选择。值得注意的是，虽然DEV对国有及股份制银行的ΔLOAN没有明显影响，但是第（5）列回归结果显示，DEV对其ΔSEC具有显著的正向影响，即存在资本充足率缺口的国有及股份制银行会显著增加证券资产，由于证券资产的风险权重较低，这种行为可以一定程度上降低总风险加权资产。相比之下，第（6）列回归结果显示，为应对资本充足率缺口，城市及农村商业银行在收缩信贷的同时并没有尝试增加证券持有。

表 5.4　资本充足率缺口对银行资产项目调整的影响

变量	总资产增长率 ΔTA		贷款净额增长率 ΔLOAN		证券持有增长率 ΔSEC	
	（1）强	（2）弱	（3）强	（4）弱	（5）强	（6）弱
$\Delta TA_{i,t-1}$	0.0361** (2.1900)	0.2180* (1.7600)				
$\Delta LOAN_{i,t-1}$			0.2480*** (2.7400)	0.2060*** (4.5400)		
$\Delta SEC_{i,t-1}$					-0.0518 (-0.7200)	-0.1790*** (-3.6500)
$DEV_{i,t}$	0.9580 (1.4500)	-1.3930* (-1.7300)	-0.2390 (-1.4600)	-1.3520*** (-3.3300)	6.6770*** (3.0500)	0.9500 (0.2900)
$size_{i,t-1}$	-8.6420*** (-5.9300)	-1.8670 (-0.6400)	-3.1560*** (-2.8300)	-1.8970 (-1.1800)	-9.2470* (-1.9400)	-14.5000 (-1.1500)
$lr_{i,t-1}$	-0.4930*** (-2.9400)	-0.0964 (-0.0400)	-0.2150 (-1.5800)	0.4180*** (3.6800)	0.6530 (1.1800)	0.9430 (1.0800)
$roe_{i,t-1}$	-6.4260 (-1.0200)	6.7210 (1.2300)	-5.7360 (-1.0800)	4.4140 (1.4500)	-9.5180 (-0.4400)	8.3180* (1.7900)
$npl_{i,t-1}$	-4.1070** (-1.9700)	-0.5770 (-0.6600)	-0.2050*** (-2.7100)	-0.0852* (-1.8100)	-26.9000*** (-3.9200)	-1.5300 (-0.4300)
$gdp_{i,t}$	1.3300*** (2.3500)	1.9590*** (2.5300)	1.5090* (1.8800)	1.3210** (1.9900)	8.8490*** (2.7300)	4.1120*** (2.7900)
$m2_{i,t}$	0.7010*** (2.9400)	1.2830*** (3.7300)	1.3450*** (6.7400)	1.1870*** (6.4000)	1.6690** (2.1400)	2.3240 (1.5700)
常数项	153.4000*** (5.5500)	-8.7030 (-0.1900)	66.0600*** (3.0500)	-1.6550 (-0.0600)	162.1000* (1.7500)	193.1000 (0.9700)
yeardum	10.7600 [0.0820]	1404.4200 [0]	24.4200 [0]	5870.4000 [0]	24.4300 [0]	1979.4600 [0]
观测值	89	265	94	272	89	265
Sargan	83.1200 [0.8740]	106.8000 [0.9990]	98.6500 [0.9230]	137.3000 [1]	141.4000 [1]	151.2000 [1]
arm1	-1.9620 [0.0620]	-1.9780 [0.0470]	-2.8120 [0.0040]	-2.5730 [0.0100]	-2.4420 [0.0490]	-2.2100 [0.0270]

续表

变量	总资产增长率 ΔTA		贷款净额增长率 ΔLOAN		证券持有增长率 ΔSEC	
	(1) 强	(2) 弱	(3) 强	(4) 弱	(5) 强	(6) 弱
arm2	-0.1740 [0.8620]	0.9210 [0.3560]	0.4320 [0.6650]	-1.8030 [0.0710]	-1.3820 [0.1660]	1.5820 [0.1130]

注：(1)“强”(“弱”)代表资本补充能力强（弱）的银行样本。(2)( )内为t统计量值，***、**和*分别表示估计系数在1%、5%和10%水平上显著。(3) yeardum为检验年度虚拟变量联合显著性的wald统计量值，Sargan为模型Sargan统计量值，arm1和arm2分别为扰动项一阶差分序列的一阶和二阶序列相关检验值，[ ]内为各统计量的p值。

控制变量中，总资产增速和贷款增速的一阶滞后项系数均显著为正，说明银行资产总量变化和信贷投放具有连贯性。银行微观控制变量总体上显著性较弱。其中规模变量符号均为负，符合“基数大、增速低”的规律；不良贷款率符号均为负，说明资产质量下滑时银行为改善资产质量会放缓信贷投放和资产扩张。宏观层面控制变量的估计结果显示，经济形势越好、货币政策越宽松，银行总资产、信贷资产和证券资产的增速均会越高。

根据上述回归结果，我们将资本充足率缺口下不同资本补充能力银行的调整方式汇总如表5.5所示。表5.5显示，资本补充能力对银行资本充足率缺口的调整方式具有重要影响，资本补充能力强的银行主要靠调整资本，而资本补充能力弱的银行主要靠调整风险资产。在资本调整方面，资本补充能力强的银行会运用股权融资工具补充核心资本，也会通过发行次级债调整附属资本，而资本补充能力弱的银行只能依赖股权融资调整核心资本。在风险资产调整方面，资本补充能力强的银行主要是调整不同类型风险资产之间的比例结构，而资本补充能力弱的银行主要靠调整资产及贷款总量。此外还有两点发现，一是风险加权资产不能真实反映银行的风险水平，二是利润转增资本并非我国银行调整资本充足率缺口的主要方式。

表 5.5　　实证结果汇总

影响	风险调整				资本调整			
	风险加权资产	总资产	信贷资产	证券资产	监管资本	留存收益	股本和资本公积	次级债
强	×	×	×	√	√	×	√	√
弱	×	√	√	×	×	×	√	×

注：√号（×号）代表该调整方式显著存在（不存在）。

四、稳健性检验

（1）变换分组方法。对以下三种分组方案进行了调整：①在原先的资本补充能力较强的组中剔除未上市股份制银行；②单独考虑农商行；③按银行规模分组。

国有及上市股份制银行资本和风险调整的估计结果显示（见表 5.6），与国有及全部股份制银行相比，此时核心解释变量 DEV 系数的大小发生了一定变化，但其符号和显著性基本没有发生改变。农商行组的估计结果中（见表 5.7），由于农商行组的观测值较少，且加权风险资产 RWA 和次级债 SOD 数据缺失较为严重，导致以 ΔRWA 和 ΔSOD 为被解释变量的回归无法进行，不过其余各列中 DEV 与正文中城商及农商行组的 DEV 系数符号相同（显著性有所下降）。

表 5.6　　资本充足率缺口下银行的资本和风险调整——国有和上市股份制银行组

变量	ΔCAP (1)	ΔPR (2)	ΔSH (3)	ΔSOD (4)	ΔRWA (5)	ΔTA (6)	ΔLOAN (7)	ΔSEC (8)
$\Delta CAP_{i,t-1}$	0.0274 (0.6700)							
$\Delta PR_{i,t-1}$		0.0268*** (6.0900)						

续表

变量	ΔCAP (1)	ΔPR (2)	ΔSH (3)	ΔSOD (4)	ΔRWA (5)	ΔTA (6)	ΔLOAN (7)	ΔSEC (8)
$\Delta SH_{i,t-1}$			0.1070* (1.7200)					
$\Delta SOD_{i,t-1}$				-0.0673 (-1.3800)				
$\Delta RWA_{i,t-1}$					0.3440** (2.2800)			
$\Delta TA_{i,t-1}$						0.0425* (1.6900)		
$\Delta LOAN_{i,t-1}$							0.2670** (2.0800)	
$\Delta SEC_{i,t-1}$								-0.0739 (-1.1900)
$DEV_{i,t}$	13.5680*** (7.3200)	23.1200 (1.1200)	9.9310*** (2.6900)	29.0500*** (2.7400)	-0.8480 (-0.4000)	0.7580 (0.2500)	-0.2430 (-0.5400)	6.5520** (2.2500)
$size_{i,t-1}$	-17.3930*** (-4.3700)	-16.2500* (-1.7800)	-13.1860** (-2.3500)	-21.1600** (-2.1700)	-5.5160*** (-3.0200)	-9.1660*** (-5.1100)	-2.4820** (-2.0200)	-6.8140* (-1.7200)
$lr_{i,t-1}$	-0.2660 (-0.1000)	7.4140 (1.0100)	-0.1730 (-0.2100)	-14.6940* (-1.7800)	-0.4440** (-2.4500)	-0.4250** (-2.2100)	-0.2640 (-0.2300)	0.8670 (1.5100)
$roe_{i,t-1}$	0.5320 (0.7300)	3.7610 (0.4500)	0.4270 (0.6100)	2.4150 (0.5800)	-0.5740 (-0.4800)	-5.0580 (-0.1000)	-7.0220* (-1.8000)	-7.0190 (-0.0800)
$npl_{i,t-1}$	-8.1900*** (-4.0800)	-5.0650 (-1.2000)	-12.6400 (-1.5900)	1.6890 (1.0400)	-1.5540 (-0.7600)	-4.8840* (-1.6900)	-0.3470** (-1.9900)	-13.3600*** (-2.9300)
$gdp_{i,t}$	3.5500** (2.0400)	54.4200*** (2.7500)	4.2150* (1.8800)	6.4390 (1.3500)	-2.3800** (-2.0300)	1.8130* (1.8500)	1.2600* (1.8300)	8.1200*** (3.8900)
$m2_{i,t}$	0.6380* (1.7200)	26.7850** (2.2700)	1.3750 (1.2000)	-0.5510 (-0.6000)	0.4500** (2.1300)	0.7740*** (3.5000)	1.5260*** (9.5300)	1.2020 (1.6200)
常数项	167.2000*** (2.9400)	-0.8320** (-2.4200)	174.8000* (1.8600)	-2.6820 (-0.4700)	125*** (3.3800)	152*** (4.2500)	48.6300 (0.7600)	181.6000** (2.2700)
yeardum	YES	YES	YES	YES	YES	YES	YES	YES
观测值	69	72	71	68	69	77	76	72
Sargan	85.9300 [0.9990]	67.7500 [0.9610]	72.9300 [1]	72.5500 [0.8490]	79.5000 [0.7030]	69.6300 [0.9450]	72.4100 [0.9430]	97.2600 [0.2820]

续表

变量	ΔCAP (1)	ΔPR (2)	ΔSH (3)	ΔSOD (4)	ΔRWA (5)	ΔTA (6)	ΔLOAN (7)	ΔSEC (8)
arm1	-2.2160 [0.0260]	-1.9840 [0.0470]	-1.4700 [0.0410]	-1.6870 [0.0910]	-2.1610 [0.0300]	-2.4130 [0.0150]	-1.9260 [0.0540]	-1.3620 [0.0730]
arm2	0.1130 [0.9100]	-1.0140 [0.3100]	0.6480 [0.1990]	-0.6980 [0.4850]	-0.9620 [0.3350]	0.1140 [0.9090]	0.7580 [0.4480]	0.3150 [0.7520]

注：(1)( )内为t统计量值，*** 、** 和 * 分别表示估计系数在1%、5%和10%水平上显著。(2) yeardum表示模型控制了年度虚拟变量，Sargan为模型Sargan统计量值，arm1和arm2分别为扰动项一阶差分序列的一阶和二阶序列相关检验值，[ ]内为各统计量的p值。

表5.7　资本充足率缺口下银行的资本和风险调整——农商行组

变量	ΔCAP (1)	ΔPR (2)	ΔSH (3)	ΔTA (4)	ΔLOAN (5)	ΔSEC (6)
$\Delta CAP_{i,t-1}$	-1.2630 (-1.6500)					
$\Delta PR_{i,t-1}$		0.0479** (2.5800)				
$\Delta SH_{i,t-1}$			-0.0600** (-2.2000)			
$\Delta TA_{i,t-1}$				0.0250** (2.2300)		
$\Delta LOAN_{i,t-1}$					0.1740* (1.7100)	
$\Delta SEC_{i,t-1}$						-0.2750 (-1.3800)
$DEV_{i,t}$	62.5200 (1.4400)	23.5400 (0.1200)	9.8110* (1.8400)	-0.8340* (-1.9500)	-2.1930** (-2.0900)	-0.1080 (-0.0200)
$size_{i,t-1}$	149.8700* (1.8700)	-59.8700 (-1.2700)	-4.7770 (-0.2200)	0.7230 (0.1300)	4.2530 (1.6100)	-2.5610 (-0.1700)
$lr_{i,t-1}$	53.7220* (1.9000)	-13.8310* (-1.8200)	2.0240 (1)	-0.4200* (-1.7800)	0.2550 (0.1700)	-1.4000 (-0.9400)

续表

变量	ΔCAP (1)	ΔPR (2)	ΔSH (3)	ΔTA (4)	ΔLOAN (5)	ΔSEC (6)
$roe_{i,t-1}$	13. 5500 (1. 6700)	54. 8800 *** (6. 4400)	1. 0330 ** (2. 1600)	-2. 7120 (-1. 2800)	14. 9770 * (1. 8100)	29. 2500 (1. 0300)
$npl_{i,t-1}$	-56. 1400 (-1. 6200)	-81. 6700 *** (-3. 7900)	-17. 4100 ** (-2. 2100)	-1. 8210 (-0. 8200)	-0. 4120 (-0. 6200)	-0. 5420 (-0. 0800)
$gdp_{i,t}$	160. 2390 ** (2. 2400)	40. 4800 (1. 6400)	5. 6500 * (1. 7900)	1. 9850 * (1. 9400)	2. 9530 *** (2. 7800)	1. 9810 ** (2. 1900)
$m2_{i,t}$	66. 9000 (1. 4100)	25. 5400 (0. 7300)	0. 8910 (1. 2400)	2. 1850 ** (2. 2200)	1. 02400 ** (2. 1700)	-2. 4690 (-0. 9900)
常数项	-183. 6200 (-1. 0100)	33. 4000 (1. 5000)	185. 5000 (0. 4600)	1. 1850 (0. 0100)	-8. 0450 ** (-2. 3400)	108. 7000 (0. 3700)
yeardum	YES	YES	YES	YES	YES	YES
观测值	32	32	34	34	34	34
Sargan	-7. 4700 [0. 9980]	18. 9700 [0. 9910]	21. 0400 [0. 9880]	17. 4900 [0. 9980]	20. 5900 [0. 9910]	13. 1500 [0. 9990]
arm1	-1. 8820 [0. 0590]	-1. 6250 [0. 1040]	-1. 3660 [0. 0720]	-1. 9020 [0. 0570]	-2. 0240 [0. 0430]	-1. 8740 [0. 0610]
arm2	0. 6060 [0. 4900]	-0. 6150 [0. 5380]	-0. 2250 [0. 2200]	1. 3230 [0. 1850]	-0. 4760 [0. 6340]	1. 2840 [0. 1980]

注：(1)()内为 t 统计量值，***、** 和 * 分别表示估计系数在 1%、5% 和 10% 水平上显著。(2) yeardum 表示模型控制了年度虚拟变量，Sargan 为模型 Sargan 统计量值，arm1 和 arm2 分别为扰动项一阶差分序列的一阶和二阶序列相关检验值，[ ] 内为各统计量的 p 值。

对比大银行和小银行的资本和风险调整（见表 5.8 和表 5.9），发现估计结果与正文按银行梯队分组估计较为一致。总之，变换分组方法后得到的资本补充能力较强和较弱的银行组中，其估计结果仍然符合表 5.5 所总结的规律。

表 5.8　　资本充足率缺口下银行的资本调整——按规模分组

变量	ΔCAP		ΔPR		ΔSH		ΔSOD	
	(1) 强	(2) 弱	(3) 强	(4) 弱	(5) 强	(6) 弱	(7) 强	(8) 弱
$\Delta CAP_{i,t-1}$	0.2640 (0.5200)	-0.4860 (-0.6800)						
$\Delta PR_{i,t-1}$			0.0187** (2.5100)	0.0289*** (6.3600)				
$\Delta SH_{i,t-1}$					0.1080* (1.9100)	-0.0550 (-1.6100)		
$\Delta SOD_{i,t-1}$							-0.0199 (-1.4500)	-0.5900 (-1.0300)
$DEV_{i,t}$	3.7740** (2.4400)	6.0060 (1.4600)	87.6200 (1.5900)	291.7000 (1.5000)	5.3350** (2.4900)	2.6290* (1.8800)	14.5500* (1.9500)	7.2070 (1.4400)
$size_{i,t-1}$	-21.1200* (-1.9700)	65.8700* (1.8300)	-10.2300 (-1.6200)	-121.0520 (-0.7000)	-7.7590** (-2.2500)	-1.4790 (-0.0800)	-14.2200** (-2.3500)	-61.9800 (-0.0200)
$lr_{i,t-1}$	-1.6660 (-0.3800)	0.6520* (1.9100)	3.0210 (0.2900)	-14.0700** (-2.2000)	-0.3190 (-0.5800)	0.9880** (2.2500)	-15.9050 (-1.1800)	-3.0970 (-1.5400)
$roe_{i,t-1}$	0.3370 (0.0500)	5.5120** (2.0100)	8.5150 (0.2600)	92.1100*** (2.5900)	9.0730 (0.5100)	1.0780* (1.7900)	1.0370 (1.4800)	-2.7270 (-1.1100)
$npl_{i,t-1}$	-2.7160* (-1.9500)	-7.9490** (-2.0800)	-9.8270 (-1.3400)	-118.5000* (-1.8700)	-2.4270** (-2.2700)	-14.8940*** (-2.8700)	-1.6310 (-0.0800)	-7.4150 (-0.6900)
$gdp_{i,t}$	10.5000*** (3.0100)	11.2990** (2.4000)	19.4300** (2.3900)	57.9100* (1.9000)	4.3090* (1.9400)	1.1090** (2.2200)	13.7400* (1.7900)	-26.2800 (-1.2400)
$m2_{i,t}$	11.3400** (2.1700)	1.5940* (1.8700)	9.9140** (2.0700)	110.2000* (1.7100)	-0.6720 (-0.8700)	4.4350*** (2.7900)	0.9140 (1.1300)	-3.9840 (-1.0900)
常数项	781.2000*** (3.4800)	31.7800** (2.2800)	-19.5600 (-1.3100)	13.7030 (0.5700)	77.4700*** (4)	-76.3000 (-0.3000)	-13.8240 (-0.6600)	-21.1300 (-1.6500)
yeardum	Yes	Yes	Yes	Yes	Yes	Yes	Yes	Yes
观测值	141	111	164	172	154	162	100	22
Sargan	231.7000 [0.2790]	86.7700 [0.6620]	88.4800 [0.7880]	49.0300 [1]	66.9800 [0.9950]	103.7000 [0.3790]	101.8000 [0.2980]	68.1100 [1]
arm1	-1.5160 [0.1090]	-2.4920 [0.0120]	-2.0600 [0.0880]	0.0860 [0.0750]	-2.3900 [0.0160]	-2.8650 [0.0040]	-1.6290 [0.1030]	-1.4010 [0.1630]

续表

变量	ΔCAP		ΔPR		ΔSH		ΔSOD	
	(1) 强	(2) 弱	(3) 强	(4) 弱	(5) 强	(6) 弱	(7) 强	(8) 弱
arm2	-1.1110 [0.2660]	-0.0600 [0.9510]	0.8140 [0.4150]	0.4880 [0.6250]	-1.4460 [0.1510]	-0.2420 [0.8080]	-0.7430 [0.4570]	1.4030 [0.1610]

注：(1) () 内为t统计量值，***、** 和 * 分别表示估计系数在1%、5%和10%水平上显著。(2) yeardum 表示模型控制了年度虚拟变量，Sargan 为模型 Sargan 统计量值，arm1 和 arm2 分别为扰动项一阶差分序列的一阶和二阶序列相关检验值，[ ] 内为各统计量的 p 值。

表 5.9　　资本充足率缺口下银行的风险调整——按规模分组

变量	ΔRWA		ΔTA		ΔLOAN		ΔSEC	
	(1) 强	(2) 弱	(3) 强	(4) 弱	(5) 强	(6) 弱	(7) 强	(8) 弱
$\Delta RWA_{i,t-1}$	0.5910** (2.3500)	0.2790** (2.2200)						
$\Delta TA_{i,t-1}$			0.1160*** (3.5900)	0.1660** (2.1700)				
$\Delta LOAN_{i,t-1}$					0.1960*** (3.2900)	0.1660*** (3.3000)		
$\Delta SEC_{i,t-1}$							-0.0509 (-0.8500)	-0.2240*** (-3.9800)
$DEV_{i,t}$	-1.3030 (-1.4600)	-15.1750 (-1.6500)	-0.6660 (-1.0600)	-1.2260** (-2.2300)	-0.5290 (-1.3900)	-0.4180*** (-2.9300)	2.1530** (2.0800)	-0.0994 (-0.0200)
$size_{i,t-1}$	-9.4710*** (-2.7600)	219.2000* (1.8200)	-5.2840*** (-4.9800)	-13.8400** (-2.2200)	-3.2400*** (-4.6300)	-4.9960* (-1.7100)	-15*** (-4.1100)	-62.3100** (-2.3400)
$lr_{i,t-1}$	-1.1990*** (-4.2600)	-25.3500* (-1.8600)	-0.5740*** (-3.2900)	0.1990 (0.7900)	0.0652 (0.5800)	0.4410*** (3.5800)	-0.9040 (-1.6300)	0.4650 (0.4500)
$roe_{i,t-1}$	-0.2150 (-1.5600)	0.1380 (1.030)	-0.3570 (-0.0600)	5.2600 (0.9300)	-6.8960* (-1.8300)	6.1460** (2.3400)	-7.7480 (-0.3900)	11.9600* (1.8400)
$npl_{i,t-1}$	-2.9240 (-1.2000)	14.1500 (0.1000)	-1.2530*** (-2.6100)	-1.3830 (-0.7900)	-0.3130* (-1.9600)	-0.8310* (-1.9200)	-15.5240 (-0.2900)	-7.4300** (-2.0100)
$gdp_{i,t}$	-5.6050 (-1.2100)	-65.3100 (-1.5500)	1.2580** (2.3100)	0.2420* (1.9300)	0.3490* (1.6700)	0.3560* (1.8400)	1.8480 (1.5600)	1.3040* (1.7800)

续表

变量	ΔRWA		ΔTA		ΔLOAN		ΔSEC	
	(1) 强	(2) 弱	(3) 强	(4) 弱	(5) 强	(6) 弱	(7) 强	(8) 弱
$m2_{i,t}$	12.1000*** (9.4500)	43.5700 (1.3900)	0.9940*** (4.5400)	0.6620** (2.2200)	1.5940*** (11.2400)	0.8630*** (3.3900)	0.9380* (1.9100)	1.6630 (0.2800)
常数项	124.9200*** (9.0800)	-158.8000 (-0.0400)	78.5300*** (3.3800)	-14.7300* (-1.6900)	42.6400*** (2.6300)	48.0500 (1.1700)	287.5000*** (3.4700)	359.3000** (2.2800)
yeardum	Yes	Yes	Yes	Yes	Yes	Yes	Yes	Yes
观测值	126	73	174	180	182	184	174	180
Sargan	539.9300 [0.0940]	46.6500 [0.9820]	112.9500 [0.1770]	80.9800 [0.9180]	153.9000 [0.1370]	130.3000 [0.1480]	105.5000 [0.3340]	133.1000 [0.1490]
arm1	-1.8870 [0.0530]	-1.7980 [0.0310]	-2.8410 [0.0040]	-2.0510 [0.0400]	-3.0740 [0.0020]	-2.2470 [0.0240]	-2.2140 [0.0260]	-2.3610 [0.0180]
arm2	-0.7770 [0.4370]	-0.6590 [0.5090]	0.1950 [0.8450]	1.1430 [0.2530]	-0.5030 [0.6140]	0.4990 [0.6170]	-0.0040 [0.9960]	1.6440 [0.1000]

注：(1) ( ) 内为 t 统计量值，***、** 和 * 分别表示估计系数在 1%、5% 和 10% 水平上显著。(2) yeardum 表示模型控制了年度虚拟变量，Sargan 为模型 Sargan 统计量值，arm1 和 arm2 分别为扰动项一阶差分序列的一阶和二阶序列相关检验值，[ ] 内为各统计量的 p 值。

(2) 考虑监管压力的影响。2004 年《商业银行资本充足率管理办法》规定了 8% 的最低资本充足率要求，这会对资本充足率水平较低的银行造成的一定的监管压力。而监管压力和资本充足率缺口对银行的影响具有一定相似之处，那么银行到底是为弥补资本充足率缺口而进行自发调整，还是为缓解资本监管压力而“被动”调整？检查本书的样本数据发现，国有及股份制银行组 101 个 CAR 观测值中，仅有 2 家银行的 3 个观测值符合 CAR 小于 8% 的情况（恒丰银行 2007 年、广发银行 2006 年和 2007 年），占比不足 3%；在城市及农村商业银行组 291 个 CAR 观测值中，有 21 家银行的 30 个观测值资本充足率小于 8%，占比约为 10%。可见，样本银行中绝大多数银行的资本充足率均高于最低资本充足率要求，因此，其资本和风险调整行为应该不是由最低资本充足率要求带来的监管压力所驱动。

2006年颁布的《商业银行监督评级内部指引（试行）》指出资本充足率高于10%（并且核心资本充足率高于6%）的银行才能得到满分评级，否则将受到额外监督。因此，资本充足率处于8%～10%之间的银行仍会受到一定的监管压力。为直观的确认银行的调整行为是资本充足率缺口而非监管压力使然，本书剔除了资本充足率小于10%的样本（共97个观测值，含国有及股份制银行的21个观测值和城市及农村商业银行的76个观测值），重新回归的结果显示（见表5.10和表5.11），除DEV对城市及农村商业银行股本和资本公积的增长率ΔSH没有显著影响外，其余各列回归中DEV系数的符号和显著性与正文一致。可能的原因在于，资本充足率高于10%的银行已达到较高资本水平，而城市及农村商业银行通过股权融资等方式进行资本补充的能力原本就较弱，在已充分利用各类增资扩股渠道后很难继续增加股本和资本公积，因而没有表现出正文回归中显著为正的结果。总体而言，在排除监管压力的影响后，面临资本充足率缺口的商业银行仍会根据市场环境和自身条件调整资本和风险，“资本补充能力强的银行主要靠调整资本、资本补充能力弱的银行主要靠调整风险资产”这一结论仍然稳健地成立。

表5.10　　资本充足率缺口下银行的资本调整——剔除CAR小于10%的观测值

变量	ΔCAP		ΔPR		ΔSH		ΔSOD	
	(1) 强	(2) 弱	(3) 强	(4) 弱	(5) 强	(6) 弱	(7) 强	(8) 弱
$\Delta CAP_{i,t-1}$	0.0630*** (3.2800)	-0.6740* (-1.9300)						
$\Delta PR_{i,t-1}$			0.0563*** (3.1200)	0.0357*** (22.3600)				
$\Delta SH_{i,t-1}$					0.1500** (2.0500)	-0.1330** (-2.2400)		

续表

变量	ΔCAP		ΔPR		ΔSH		ΔSOD	
	(1) 强	(2) 弱	(3) 强	(4) 弱	(5) 强	(6) 弱	(7) 强	(8) 弱
$\Delta SOD_{i,t-1}$							-0.0298 (-1.2400)	-0.5120** (-2.2100)
$DEV_{i,t}$	19.9710*** (10.1300)	27.2500 (0.9700)	31.3200 (1.5800)	141.3350 (0.0400)	12.7800*** (4.5100)	2.7210 (1.5300)	32.9100*** (3.2300)	9.7130 (1.1700)
$size_{i,t-1}$	-8.3930*** (-3.7700)	104* (1.8000)	-26* (-1.7300)	-51.2700 (-0.3800)	-19.2600*** (-2.9800)	-3.9970 (-0.4500)	-17.3300* (-1.8200)	-20.4800 (-1.1400)
$lr_{i,t-1}$	-0.1550 (-0.7200)	16.2800*** (3.0300)	4.1750* (1.8900)	-15.0650*** (-10.5700)	-1.3660 (-1.1400)	0.3240*** (2.7400)	-14.8300* (-1.9700)	-6.7260* (-1.8800)
$roe_{i,t-1}$	-0.5040 (-0.6700)	14.1500 (1.4600)	6.2200 (0.2000)	15.5600*** (11.7300)	0.2920 (0.4300)	0.4630** (2.0400)	2.8080 (1.5900)	-1.8400 (-1.0900)
$npl_{i,t-1}$	-8.8970*** (-2.8200)	-3.3170 (0.4900)	-13.9300 (-0.4200)	-20.0800*** (-21)	-1.2520* (-1.8300)	-3.6600** (-2.1000)	1.9250 (1.1500)	-3.4250 (-1.3600)
$gdp_{i,t}$	1.2610* (1.8500)	71.0300* (1.8200)	53.1600*** (3.7100)	29.0440*** (8.1300)	5.9650 (1.4100)	6.9530*** (2.6100)	5.8520 (1.3400)	-28.8570* (-1.9800)
$m2_{i,t}$	0.4830* (1.9100)	6.0500 (0.8100)	12.2470** (2)	5.9630 (0.3500)	2.7680 (1.6500)	0.6600* (1.8900)	-0.9570 (1.2600)	5.3400 (1.0500)
常数项	170.4000*** (3.8600)	-238.3200** (-2.4300)	-1.1390*** (-2.7100)	12.3500 (0.0600)	437.2000*** (3.4200)	10.0400 (0.9700)	-689.3000 (-1.3800)	30.2400 (0.1000)
yeardum	Yes	Yes	Yes	Yes	Yes	Yes	Yes	Yes
观测值	63	140	64	199	61	156	61	38
Sargan	101.6500 [0.2770]	195.8000 [0.0930]	83.9200 [0.8060]	49.8500 [1]	84.4500 [0.7940]	95.0400 [0.5660]	77.5300 [0.8760]	23.6600 [0.9430]
arm1	-1.9980 [0.0450]	-2.1800 [0.0820]	-1.9190 [0.0550]	-1.0820 [0.0810]	-1.9120 [0.0560]	-2.6860 [0.0070]	-1.6820 [0.0930]	-1.9660 [0.0520]
arm2	0.5280 [0.5970]	0.5950 [0.5510]	-1.2400 [0.2150]	0.4430 [0.6570]	-1.3890 [0.1640]	-0.9410 [0.3470]	-0.5070 [0.6120]	-0.5450 [0.5860]

注：(1) ( ) 内为 t 统计量值，***、** 和 * 分别表示估计系数在 1%、5% 和 10% 水平上显著。(2) yeardum 表示模型控制了年度虚拟变量，Sargan 为模型 Sargan 统计量值，arm1 和 arm2 分别为扰动项一阶差分序列的一阶和二阶序列相关检验值，[ ] 内为各统计量的 p 值。

表 5.11 资本充足率缺口下银行的风险调整——剔除 CAR 小于 10%的观测值

变量	ΔRWA		ΔTA		ΔLOAN		ΔSEC	
	(1) 强	(2) 弱	(3) 强	(4) 弱	(5) 强	(6) 弱	(7) 强	(8) 弱
$\Delta RWA_{i,t-1}$	0.1300* (1.7800)	0.2060* (1.8200)						
$\Delta TA_{i,t-1}$			0.0157** (2.1100)	0.1990*** (3.1600)				
$\Delta LOAN_{i,t-1}$					0.3180*** (3.0900)	0.1780*** (4)		
$\Delta SEC_{i,t-1}$							-0.0999 (-1.3000)	-0.1160** (-2.1100)
$DEV_{i,t}$	-0.3250 (-0.4600)	-32.8500 (-0.7700)	0.8730 (1.2900)	-2.0930** (-2.0900)	-0.5170 (-0.8200)	-2.1850*** (-4.8400)	5.9670*** (3.2700)	-2.3860 (-0.5300)
$size_{i,t-1}$	-6.8710*** (-4.2100)	171.6000 (1.3000)	-9.6740*** (-6.1300)	-3.8340 (-1.1600)	-2.3360* (-1.8600)	-1.6030 (-1)	-10.4700** (-2.3600)	-27.1400* (-1.8500)
$lr_{i,t-1}$	-0.4410*** (-2.7700)	-14.3600** (-2.3100)	-0.6090*** (-3.6900)	0.0125 (0.0500)	-0.2000 (-1.2900)	0.4390*** (4.2100)	0.4670 (1.0500)	0.3400 (1.2400)
$roe_{i,t-1}$	-0.2330 (-1.2100)	0.0833 (0.0100)	-12.9300** (-2.1800)	6.5280 (1.1700)	-7.2470 (-1.3400)	2.4930 (1.0300)	-14.8700 (-0.9300)	10.7800* (1.9100)
$npl_{i,t-1}$	-2.7630 (-1.1100)	33.1500 (0.7100)	-6.3780** (-2.5700)	-0.9730 (-0.7800)	-0.6310* (-1.7700)	-0.1010* (-1.8600)	-15.3100** (-2.3500)	-3.0610 (-0.5400)
$gdp_{i,t}$	-2.4510** (-2.3700)	-17.4300** (-2.1500)	1.7380* (1.9800)	1.7230 (1.4100)	1.7910* (1.8000)	1.5840* (1.9100)	5.9740* (1.8900)	4.8900*** (2.6200)
$m2_{i,t}$	0.5400** (2.2500)	16.3400 (1.3200)	1.1230*** (4.4700)	0.9640** (2.4900)	1.7110*** (7.1400)	1.2450*** (6.8700)	1.8930 (1.3100)	1.5610** (2.0300)
常数项	171.8000*** (5.2000)	-1357.2400 (-0.5700)	183.2000*** (5.8800)	28.8000 (0.5500)	43.4300 (1.4100)	-17.4300 (-0.7000)	218.9000** (2.4400)	493.9000** (2.1400)
yeardum	Yes	Yes	Yes	Yes	Yes	Yes	Yes	Yes
观测值	61	93	64	214	66	215	64	214
Sargan	76.9100 [0.8700]	95.0900 [0.1190]	94.4400 [0.5260]	85.0400 [0.8210]	86.8600 [0.8580]	160.7000 [0.0740]	100.4000 [0.3340]	128.6000 [0.1490]
arm1	-2.0470 [0.0410]	-1.7010 [0.0790]	-2.7230 [0.0060]	-2.0760 [0.0380]	-2.4660 [0.0140]	-2.2470 [0.0240]	-2.2140 [0.0260]	-2.3610 [0.0180]

续表

变量	ΔRWA		ΔTA		ΔLOAN		ΔSEC	
	(1) 强	(2) 弱	(3) 强	(4) 弱	(5) 强	(6) 弱	(7) 强	(8) 弱
arm2	-0.7470 [0.4550]	-0.1970 [0.8430]	0.3990 [0.6890]	1.0240 [0.3050]	1.0890 [0.2760]	0.4990 [0.6170]	-0.0040 [0.9960]	1.6440 [0.1000]

注：(1)（）内为t统计量值，***、**和*分别表示估计系数在1%、5%和10%水平上显著。(2) yeardum表示模型控制了年度虚拟变量，Sargan为模型Sargan统计量值，arm1和arm2分别为扰动项一阶差分序列的一阶和二阶序列相关检验值，[ ] 内为各统计量的p值。

（3）考察核心资本充足率的情况。2004年《商业银行资本充足率管理办法》规定了资本充足率和核心资本充足率两项监管指标。其中资本充足率包含信息更为丰富，核心资本和附属资本变动均会造成资本充足率变化，因此本文选择研究资本充足率缺口下银行的调整行为。与此类似，核心资本缺口也会影响银行的核心资本补充和风险资产调整。为此我们将资本充足率替换为核心资本充足率，通过估计式（4.8）重新测算了核心资本充足率缺口，并且以核心资本充足率缺口为解释变量估计式（5.6）。结果（见表5.12和表5.13）发现，除国有及股份制银行次级债增速对核心资本充足率缺口不敏感外，其余情况下和以资本充足率缺口为解释变量时结论基本一致①。

表5.12　　　　核心资本充足率缺口与银行资本调整

变量	ΔTC		ΔSH		ΔPR		ΔSOD	
	(1) 强	(2) 弱	(3) 强	(4) 弱	(5) 强	(6) 弱	(7) 强	(8) 弱
$\Delta TC_{i,t-1}$	0.18400*** (2.75000)	-0.20800 (-0.42000)						

① 此外，我们还尝试分别探讨资本充足率缺口为正和为负时银行的资本和风险调整行为，以考察银行调整行为是否具有非对称性。然而由于样本数量限制，分资本充足率缺口正负的回归效果较差，故不予讨论。

续表

变量	ΔTC		ΔSH		ΔPR		ΔSOD	
	（1）强	（2）弱	（3）强	（4）弱	（5）强	（6）弱	（7）强	（8）弱
$\Delta SH_{i,t-1}$			0.10900* （1.83000）	-0.05050* （-1.75000）				
$\Delta PR_{i,t-1}$					0.00817 （1.34000）	0.01770** （1.92000）		
$\Delta SOD_{i,t-1}$							-0.23300** （-2.47000）	-0.35500* （-1.80000）
$DEV_{i,t}$	4.69500*** （2.89000）	7.83000 （0.59000）	16.80000*** （5.53000）	0.80300*** （2.32000）	34.40000 （1.19000）	218.20000 （0.93000）	0.62600 （0.06000）	3.96600 （0.63000）
$size_{i,t-1}$	-9.37500** （-2.27000）	94.06000** （2.04000）	-9.26900 （-1.08000）	17.66000** （2.24000）	-54.69000* （-1.90000）	-662.30000 （-0.79000）	5.10100 （0.19000）	22.87000 （1.38000）
$lr_{i,t-1}$	-1.15600*** （-3.60000）	9.05200** （2.31000）	-1.50600** （-2.16000）	0.41600 （0.68000）	5.28100** （1.99000）	-16.71000 （-0.29000）	2.98300 （1.42000）	-0.17400 （-0.15000）
$roe_{i,t-1}$	0.95600 （1.21000）	5.91300 （1.25000）	1.87700* （1.93000）	2.52600*** （2.79000）	5.19100 （1.37000）	-93.80000 （-1.13000）	8.49700* （1.75000）	-5.81300 （-1.38000）
$npl_{i,t-1}$	-1.33800 （-0.36000）	-7.06400 （-0.66000）	-18.20000** （-2.34000）	-3.19000 （-1.27000）	-51.88000 （-1.59000）	-10.25000 （-0.08000）	-45.48000 （-1.48000）	-2.71100 （-0.41000）
$gdp_{i,t}$	2.71900 （1.38000）	17.79000 （0.78000）	8.11400** （1.97000）	3.72200 （1.08000）	23.15000 （1.35000）	44.65000 （0.14000）	36.16000** （2.40000）	-27.15000* （-1.78000）
m2i，t	0.12100 （0.26000）	1.32000 （0.22000）	0.36200 （0.36000）	1.53900 （1.34000）	2.00900 （0.50000）	75.77000 （0.72000）	8.90200*** （2.64000）	2.93100 （0.66000）
yeardum	Yes	Yes	Yes	Yes	Yes	Yes	Yes	Yes
观测值	83	158	83	215	88	227	80	42
Sargan	124.40000 [0.99900]	173 [0.99900]	89.21000 [0.99900]	80.81000 [1]	88.18000 [0.78200]	58.15000 [0.88800]	81.16000 [1]	30.24000 [0.99900]
arm2	0.66200 [0.50800]	0.73100 [0.46480]	-0.58300 [0.90100]	-0.04200 [0.96670]	1.15100 [0.24970]	0.10300 [0.91760]	-0.33200 [0.79600]	-0.14200 [0.88700]

注：（1）（）内为t统计量值，***、**和*分别表示估计系数在1%、5%和10%水平上显著。（2）yeardum表示模型控制了年度虚拟变量，Sargan为模型Sargan统计量值，arm1和arm2分别为扰动项一阶差分序列的一阶和二阶序列相关检验值，[ ]内为各统计量的p值。

表 5.13　　　　　　核心资本充足率缺口与银行资产调整

变量	ΔRWA		ΔTA		ΔLOAN		ΔSEC	
	(1) 强	(2) 弱	(3) 强	(4) 弱	(5) 强	(6) 弱	(7) 强	(8) 弱
$\Delta RWA_{i,t-1}$	0.16300* (1.81000)	0.18400* (1.73000)						
$\Delta TA_{i,t-1}$			0.01250 (1.19000)	0.17800*** (2.87000)				
$\Delta LOAN_{i,t-1}$					0.19900** (2.25000)	0.23000*** (4.88000)		
$\Delta SEC_{i,t-1}$							0.00807 (0.14000)	-0.20700*** (-4.18000)
$DEV_{i,t}$	-0.76000 (-1.43000)	-37.25000 (-1.11000)	-0.49200 (-0.97000)	-1.87400** (-2.44000)	-1.54700 (-1.62000)	-1.36400*** (-3.54000)	0.27900*** (2.24000)	3.76000 (1.25000)
$size_{i,t-1}$	-7.94600*** (-4.59000)	128.20000* (1.96000)	-9.37200*** (-5.42000)	-2.93300 (-1.01000)	-6.79900*** (-4.82000)	-2.28000 (-1.44000)	-5.66300 (-1.21000)	-18.49000 (-1.54000)
$lr_{i,t-1}$	-0.45100*** (-3.42000)	-11.51000** (-2.03000)	-0.54900*** (-3.65000)	0.01870 (0.09000)	-0.29000** (-2.35000)	0.36200*** (3.41000)	0.52300 (1.26000)	1.28800* (1.65000)
$roe_{i,t-1}$	-10.44000* (-1.92000)	32.61000 (0.12000)	-5.21700 (-0.86000)	4.45100 (0.81000)	-4.62900 (-0.89000)	-4.12300 (-1.56000)	-6.48100 (-0.38000)	-5.57100 (-0.28000)
$npl_{i,t-1}$	-1.70800 (-0.98000)	2.00100 (0.04000)	-1.37000* (-1.73000)	-0.54000 (-1.67000)	0.89800*** (2.52000)	0.11300*** (2.26000)	-10.55000* (-1.93000)	-1.14800 (-0.36000)
$gdp_{i,t}$	2.87200*** (3.46000)	23.96000*** (2.35000)	0.18100 (0.19000)	1.46300 (1.12000)	2.29100*** (2.91000)	0.45100 (0.68000)	1.27200 (0.47000)	-2.28800 (-0.46000)
$m2_{i,t}$	0.36500* (1.92000)	15.56000 (0.96000)	0.74700*** (3.26000)	1.17400*** (3.52000)	1.18600*** (6.16000)	1.06500*** (6.02000)	-0.80600 (-1.29000)	2.29500* (1.70000)
常数项	188.30000*** (6.19000)	-572.30000 (-0.30000)	170.70000*** (5.48000)	14.67000 (0.31000)	127.50000*** (5)	14.88000 (0.60000)	128.60000 (1.51000)	212.50000 (1.12000)
yeardum	Yes	Yes	Yes	Yes	Yes	Yes	Yes	Yes
观测值	81	112	88	244	93	247	88	244
Sargan	81.72000 [0.72400]	83.46000 [0.84500]	99.62000 [0.99900]	99.44000 [0.99900]	90.77000 [0.45300]	153.20000 [0.51100]	116.30000 [0.99900]	141.20000 [0.99900]
arm2	1.38200 [0.14300]	1.65800 [0.09730]	-1.37800 [0.16800]	-1.02100 [0.25500]	-1.22200 [0.59100]	-0.92600 [0.35400]	1.04200 [0.47900]	0.94200 [0.34300]

注：(1) () 内为 t 统计量值，***、** 和 * 分别表示估计系数在 1%、5% 和 10% 水平上显著。(2) yeardum 表示模型控制了年度虚拟变量，Sargan 为模型 Sargan 统计量值，arm1 和 arm2 分别为扰动项一阶差分序列的一阶和二阶序列相关检验值，[ ] 内为各统计量的 p 值。

第三节　本章小节

本章将国有及股份制银行和城市及农村商业银行分别划为资本补充能力较强和较弱的银行，在此基础上应用2004—2012年由16家国有及股份制银行和72家城市及农村商业银行构成的年度非平衡面板数据，首先通过部分调整模型测算了各银行的目标资本充足率和资本充足率缺口，进而考察了资本充足率缺口对银行资本和风险调整的影响。

实证分析表明，资本补充能力强的银行主要靠调整资本，而资本补充能力弱的银行主要靠调整风险资产。具体而言，在资本调整方面，资本补充能力强的银行不仅可以运用股权融资工具补充核心资本，还可以通过发行次级债补充附属资本，而资本补充能力弱的银行只能通过股权融资补充核心资本。在风险调整方面，资本补充能力强的银行主要调整了不同类型风险资产（贷款和证券）的配比，而资本补充能力弱的银行主要调整资产总量和信贷供给。

第六章

商业银行资本结构的周期性

第一节 资本补充能力影响资本缓冲周期性的理论分析

与第五章不同，考察银行资本结构的顺周期性，强调的不是银行资本结构对经济周期的异质性反映，而是银行业整体资本结构随经济周期的变动及其影响。在资本结构的度量方面，本章主要以商业银行资本缓冲作为资本结构的代理变量。资本缓冲是与资本充足率密切相关又不尽相同的一个指标，它实际上是银行实际资本充足率与法定资本充足率的差异部分。按照《巴塞尔协议Ⅱ》对银行资本充足性的规定，商业银行的总资本与风险加权资产的比率不得低于8%，核心资本与风险加权资产的比率不得低于4%，因此银行资本充足率可以表示为：

$$\text{buffer} = \frac{\text{cap}}{\text{rwa}} - \text{req} \tag{6.1}$$

其中，cap 为银行的监管资本，包括总资本或核心资本；银行的风险加权资产 rwa 是各类资产与其风险权重的加权；req 是法定资本充足率（8%或4%）。从式（6.1）可知，银行资本缓冲周期性取决于监管资本和风险加权资产对经济周期做出的反应，其中银行资本补充能力主要影响监管资本的变动，因此本书将从银行监管资本动态积累角度建立理论模型。

考虑一个简单的两期模型，银行在 $t=0$ 期末做出资本补充决定，补充数额为 I_1，所以银行在 $t=1$ 期的监管资本存量为：

$$cap_1 = cap_0 + I_1 \tag{6.2}$$

银行调整资本和持有资本均会产生成本，设定成本函数为：

$$C = \frac{1}{2}\delta I_1^2 + (c - r)cap_1 \tag{6.3}$$

正数 δ 反映了银行的资本调整成本，资本调整成本越低 δ 越小。进一步分析，我们将调整成本 δ 分为固定部分和可变部分：

$$\delta = a - bf(gdp) \tag{6.4}$$

其中，a、b 均为正数。a 是银行固有的资本调整成本，资本补充能力弱（强）的银行 a 较高；bf(gdp）是银行资本调整成本中可随经济形势发生改变的部分，其中 gdp 反映了 $t=1$ 期宏观经济环境，f 为一阶可导增函数，且 $f(gdp) \in (0, a/b)$。以经济上行阶段为例，一方面，此时工商企业财务状况良好，投资需求旺盛，银行贷款利息收入增加，各类交易活跃，银行中间业务收入也会增长较快。可见经济环境越好，银行内源资本补充越容易；另一方面，此时投资者普遍较为乐观，银行容易以较低溢价筹集资金，外源式资本补充也更为方便。总之，经济环境较好时银行资本调整成本普遍降低。但是需要注意到，受益于经济环境改善而降低的资本调整成本在不同银行中存在程度上的差异，其中资本补充能力较强的银行受益程度更高。原因在于，资本补充能力较强的银行（国有及股份制银行）在经济上行阶段可以较为方便地从股市再融资或者发行次级债和混合资本债，从而大量补充资本。但对于资本补充能力较弱的银行（城市及农村商业银行）而言，在经济上行阶段外源式资本补充数量并没有大幅增加，尤其是无法有效利用股票市场补充资本。为刻画这一差异，式（6.4）中不同类型银行 b 的取值应有所不同，资本补充能力较强的银行 b 较大。

式（6.3）中参数 c 反映了银行为维持监管资本所必须付出的代价

（如向股东发放股利），r 则反映了银行持有资本带来的隐性收益（如降低因资本不足受到监管部门处罚甚至破产的可能性）。那么，持有资本的利弊孰高孰低？结合我国银行业现状可知，虽然随着我国商业银行整体资本水平已符合审慎监管要求，但在业务规模高速扩张和业务结构高资本消耗型两重因素作用下，多数商业银行仍然饱受资本短缺困扰，并且呈现出系统性的资本“饥渴症”现象。基于上述分析可知，我国银行持有更多资本的收益应高于成本，即 $r > c$。银行面临的最优化问题，是在约束条件式（6.2）下，如何最小化总成本式（6.3）。由于目标函数在定义域上是凸函数，且约束条件不存在不等式约束，因此这是一个典型的凸规划问题，存在唯一最优解。由该问题的一阶最优条件，可得：

$$cap_1^* = cap_0 + \frac{r - c}{a - bf(gdp)} \tag{6.5}$$

式（6.5）给出了银行在 $t = 1$ 期最优资本数量随经济形势的变化关系，等号两边对 gdp 求偏导，可得：

$$\frac{\partial cap_1^*}{\partial gdp} = \frac{b(r - c)f'(gdp)}{[a - bf(gdp)]^2} > 0 \tag{6.6}$$

式（6.6）说明经济形势越好，银行补充资本越方便，最后持有的资本数量越高。等号两边再对 b 求偏导，可得：

$$\frac{\partial^2 cap_1^*}{\partial gdp \partial b} = \frac{(r - c)f'(gdp)[a + bf(gdp)]}{[a - bf(gdp)]^3} > 0 \tag{6.7}$$

式（6.7）说明 b 取值越大，单位 gdp 上升对监管资本的影响越大，这意味着资本补充强的银行在经济上行阶段可以补充更多资本。

经济周期不仅影响银行持有的监管资本数额，还会从风险权重和风险资产数量两方面影响银行的风险加权资产。一方面，在巴塞尔Ⅱ资本监管框架下，风险权重 w（主要是信用风险权重）具有逆周期变化的特征（Kashyap & Stein，2004），在经济下行时上升、经济上行时下降。这意味着，如果银行不主动调整资产结构，且资产总量保持稳定，那么经济上行（下行）时银行的风险加权资产 rwa 下降（上升）。另一方面，在较低的风险权重下，银行面临的资产约束较为宽松，风险承担意愿增强，有动机扩张资产规模，并持有更多风险相对较高的资产（Gordy & Howells，2006；Saurina & Trueharte，2007）。总之，在经济上行阶段，虽然风险权重下降会降低风险加权资产，但资产总量提升，且资产结构向提高风险加权资产的方向变动，因此仅从理论上难以事先确定风险加权资产随经济周期的变动方向。不过一般情况下，银行风险加权资产与总资产数额处于相同的数量级，而银行总资产扩张速度与经济周期正相关，所以可以认为风险加权资产扩张速度也与经济周期正相关。因此，本书设定风险加权资产可满足：

$$rwa_1 = rwa_0[1 + g(gdp)] \tag{6.8}$$

其中，函数 g 为增函数。式（6.5）除以式（6.8）后带入式（6.1），忽略其中的常数项 req，得到：

$$buffer_1^*(gdp, b) = \frac{cap_1^*}{rwa_1} = \frac{cap_0}{rwa_0} \times \frac{1 + \dfrac{(r-c)/cap_0}{a - bf(gdp)}}{1 + g(gdp)} = buffer_0 \times \frac{F(gdp, b)}{G(gdp)} \tag{6.9}$$

其中，监管资本扩张函数 $F(gdp, b) = 1 + \dfrac{(r-c)/cap_0}{a - bf(gdp)}$，风险加权资产扩张函数 $G(gdp) = 1 + g(gdp)$。$\dfrac{\partial buffer_1^*}{\partial gdp}$为正（负）意味着资本缓冲具有逆（顺）周期性。考虑到分数形式不易求导，且 ln(y) 与 y 单调性相同，因此我们转而考察 $\ln(buffer_1^*) = \ln(buffer_0) + \ln(F) - \ln(G)$ 随 gdp 的变动情况，可得：

$$\frac{\partial \ln(buffer_1^*)}{\partial gdp} = \frac{F'_{gdp}}{F} - \frac{G'_{gdp}}{G} = \frac{Mbf'_{gdp}}{[a - bf(gdp) + M][a - bf(gdp)]} - \frac{G'_{gdp}}{G} \tag{6.10}$$

其中，常数 $M = (r-c)/cap_0$。由于函数 F 和 G 的具体形式未知，我们无法由式（6.10）判断$\dfrac{\partial \ln(buffer_1^*)}{\partial gdp}$的符号。不过从式（6.10）容易发现，

$\frac{F'_{gdp}}{F}$是 b 的增函数，而$\frac{G'_{gdp}}{G}$中不含 b，所以$\frac{\partial \ln(buffer_1^*)}{\partial gdp}$也是 b 的增函数。假想存在 A、B 两类银行，它们的唯一区别在于 A 类银行的资本补充能力更强（$b^A > b^B$），则有$\frac{\partial \ln(buffer_1^*)\mid_{b=b_A}}{\partial gdp} > \frac{\partial \ln(buffer_1^*)\mid_{b=b_B}}{\partial gdp}$。进一步假定各类银行的资本缓冲周期性不随 gdp 而改变，则两类银行$\frac{\partial \ln(buffer_1^*)}{\partial gdp}$的符号存在如表 6.1 所示的三种情况。

一是 A、B 两类银行的资本缓冲均为逆周期，且 A 类银行资本缓冲逆周期程度更强。二是 A 类银行资本缓冲为逆周期，B 类银行资本缓冲为顺周期。三是 A、B 两类银行的资本缓冲均为顺周期，且 A 类银行资本缓冲顺周期程度更弱。

尽管理论分析未能明确指出不同类型银行资本缓冲的周期性，但可以确定资本补充能力较强的银行更倾向于具有逆周期性，而资本补充能力较弱的银行更倾向于具有顺周期性。结合我们对我国商业银行资本补充能力的分类和前述理论分析，本书提出以下研究假设，资本补充能力不同的银行资本缓冲周期性存在差异，国有及股份制银行的资本缓冲逆周期性（顺周期性）比城市商业银行更强（弱）。

表 6.1　　两类银行资本缓冲周期性的三种情形

情形分类	A 类银行	B 类银行
情形 1：$\frac{\partial \ln(buffer_1^*)\mid_{b=b_A}}{\partial gdp} > \frac{\partial \ln(buffer_1^*)\mid_{b=b_B}}{\partial gdp} > 0$	逆周期（强）	逆周期（弱）
情形 2：$\frac{\partial \ln(buffer_1^*)\mid_{b=b_A}}{\partial gdp} > 0 > \frac{\partial \ln(buffer_1^*)\mid_{b=b_B}}{\partial gdp}$	逆周期	顺周期
情形 3：$0 > \frac{\partial \ln(buffer_1^*)\mid_{b=b_A}}{\partial gdp} > \frac{\partial \ln(buffer_1^*)\mid_{b=b_B}}{\partial gdp}$	顺周期（弱）	顺周期（强）

注：强（弱）表示该类银行周期性更明显（不明显）。

第二节 资本缓冲周期性的实证分析

一、模型设定和变量选择

一是经济波动对银行资本缓冲的影响。借鉴阿尤索、佩雷斯和索里娜（2004），约基普和米尔恩（2008），本书设定计量模型为：

$$\begin{aligned} buffer_{it} = \alpha_0 + \alpha_1 buffer_{it-1} + \alpha_2 gdp_t + \alpha_3 size_{it} \\ + \alpha_4 roe_{it} + \alpha_5 npl_{it} + \eta_i + ydum + \varepsilon_{it} \end{aligned} \quad (6.11)$$

其中，$i=1, 2, \cdots, N$ 表示银行个体，$t=1, 2, \cdots, T$ 表示年份。不可观测的随机变量 η_i 代表个体异质性，ε_{it}为随个体和时间而改变的扰动项。被解释变量 $buffer_{it}$代表银行 i 第 t 年的资本缓冲。我国自 2004 实施的《商业银行资本充足率管理办法》商业银行资本充足率不得低于 8%，核心资本充足率不得低于 4%，因此本书一般资本缓冲和核心资本缓冲计算公式分别为 $carbuf_{it} = car_{it} \times 100 - 8$ 和 $corebuf_{it} = tier1_{it} \times 100 - 4$，其中 car 和 tier1 分别为一般资本充足率和核心资本充足率。核心解释变量 gdp_t 是第 t 年的实际 GDP 增速，用以度量经济波动。

式（6.11）中被解释变量的一阶段滞 $buffer_{it-1}$后主要用来控制资本缓冲的自相关特征。由于资本调整成本的存在，预期其系数为正。其他银行微观特征变量包括资产规模、净资产收益率和贷款质量。资产规模 size 以银行总资产的自然对数衡量，国外文献认为规模较大的银行受政府隐性担保强度较高，破产风险较小，因此大银行对资本缓冲的需求较少（Jokipii & Milne, 2008）。净资产收益率 roe 是融资成本的代理变量，roe 越高持有资本缓冲的机会成本越大，银行将选择持有较少资本缓冲。不良贷款率 npl 则反映了银行信贷风险，npl 较高的情况下，银行会持有更多的资本缓冲以避免出现经营困难。但提高不良贷款率可能通过降低银行利润而侵蚀银行资本

（梁琪，党宇峰，2013；黄宪，熊启跃，2013）。最后，考虑到模型可能存在其他未考虑到的及随时间变化的因素，因此本书还加入了年度虚拟变量 ydum 来控制这些因素。

二是银行资本缓冲对银行信贷的影响。相关实证文献所用的计量模型通常会设定为贷款增速 = f（car_{it-1}，Mp_{it}，$car_{it-1} \times Mp_{it}$），尽管学者主要关注滞后一期的银行资本和货币政策交叉项的符号，但通常也会估计一个不含交叉项的模型作为基准（Gambacorta & Mistrulli；2004）。如果估计结果中 car_{it-1}的系数为正，似乎可以推测出，实际资本充足率越高的银行其贷款增速越快。在监管要求的资本充足率不变的前提下，可进一步推测，资本缓冲越高的银行期贷款增速越快。但是，上述推论和近期直接研究银行资本缓冲与银行信贷关系的实证文献结论相异。莫拉和洛根（Mora & logan，2010）采用面板 var 模型检验了英国银行业资本缓冲对银行信贷增速的影响，发现银行资本缓冲的外生增加将会降低信贷增速。科菲内等（2011）采用面板 Granger 因果检验的方法，发现法国银行业资本缓冲和信贷增速存在双向影响，且资本缓冲越高的银行其贷款增速越低。那么，是什么原因导致了这种实证结论的差异？

回到资本缓冲的计算公式，可以进一步表示为：

$$\text{buffer} = \frac{\text{cap}}{\text{rwa}} - \text{req} = \frac{\text{cap}}{\sum_{i} w_i \text{asset}_i} - \text{req} = \frac{\text{cap}}{w_{\text{loan}} \text{loan} + \sum_{i \neq \text{loan}} w_i \text{asset}_i} - \text{req}$$

在监管要求不变的情况下，可知 buffer 与资本成正比，与加权风险资产成反比。进一步地将 asset_i 和 w_i 分别为第 i 类风险资产的数量和相应的风险权重，然后单独考察贷款类资产 loan，将其移到等号左边，得到：

$$\text{loan} = \frac{1}{w_{\text{loan}}} \left(\frac{\text{cap}}{\text{buffer} + \text{req}} - \sum_{i \neq \text{loan}} w_i \text{asset}_i \right)$$

可见如果不考虑风险权重的变化和其他资产数额的变化（其他资产占比较小），可知 buffer 与贷款成反比。这意味着，为了达到较高的 buffer，银行可以采用的措施，是在资本市场上募集新的资本或减少信贷投放。如果资本市场上融资成本较高，银行只有选择减少贷款，从而出现了资本缓冲和贷款增速的负相关现象。但是，如果银行已经具有较高的 buffer，银行信贷决策将较少受到资本监管约束的影响，从而可能表现出较高的贷款增速。因此，在实证模型中，银行资本缓冲（实际资本充足率）的当期值和滞后期值对贷款增速的影响方向有所不同，前者系数为负，后者为正，这就解释了上述实证结论的差异。因此后文计量模型中，我们注意将资本缓冲的当期和滞后一期同时引入模型。因此，本书设定模型为：

$$lending_{it} = \beta_0 + \beta_1 lending_{it-1} + \beta_2 buffer_{it} + \beta_3 buffer_{it-1} + \gamma X + \lambda_i + ydum + \mu_{it} \tag{6.12}$$

与式（6.11）相似，不可观测的随机变量 λ_i 代表个体异质性，μ_{it} 为随个体和时间而改变的扰动项，ydum 为年度虚拟变量。反映银行信贷供给的被解释变量 $lending_{it}$ 是银行贷款增速，具体为商业银行第 t 年贷款增量与第 t - 1 年贷款余额的比值。核心解释变量为银行资本缓冲 buffer，与科菲内等（2011）不同的是，本书同时加入了当期资本缓冲和滞后一期资本缓冲，以全面反映银行资本缓冲和信贷供给之间的动态关系。

式（6.12）中 $lending_{it-1}$ 是为了控制银行贷款行为的延续性，X 则对应其他控制变量集合。X 具体包含的内容，一是影响银行贷款供给行为的微观特征变量，主要是银行资产规模 size、资产流动性 lr 和不良贷款率 npl。大银行信贷基数大，一般增速较低，预期 size 符号为负。资产流动性 lr 以流动性资产占总资产的比例衡量，流动性资产能低成本变现从而有助于银行及时抓住有利投资机会，因此预期 lr 系数为正。不良贷款率 npl 上升反映银行信贷风险较高，银行须谨慎放贷，预期其系数为负。同时，贷款增长较快也会反过来作用于 lr 和 npl，使 lr 降低、npl 上升，因此本书还控制了 lr 和 npl 的一阶滞后变量，以更好地控制银行微观特征对信贷的影响。二是宏观经济变量，主要包括实际 GDP 增长率 gdp 和 M2 增速 m2。gdp 可控制贷款需求的变化，信贷需求通常具有顺周期性，因此预期其符号为正。m2 控制了货币政策环境对银行信贷的影响，根据货币政策的"银行贷款渠道"理论，扩张性的货币政策将增加银行信贷投放，故预期

m2 系数为正。

我们关注的参数为式（6.11）中的 α_2 和式（6.12）中的 β_2。α_2 显著小于 0 意味着经济上（下）行阶段银行持有更少（多）的资本缓冲；β_2 显著小于 0 意味着资本缓冲上升（下降）将抑制（促进）贷款供给。α_2 和 β_2 同时显著小于 0 即可验证了银行资本缓冲的顺周期性。

二、变量说明和描述

如前文所述，中国银行业资本充足率监管始于 2004 年《商业银行资本充足率管理办法》的出台和实施，且 2013 年实施新的《商业银行资本管理办法（试行）》，因此 2004—2012 年商业银行资本监管没有出现大规模的外生变动。故与第五章相同，本章研究所选择的时间窗口仍为 2004—2012 年，所涉及的银行也是 88 家商业银行。鉴于已经对各银行微观特征变量进行了细致的描述，此处不再重复，而是重点考察资本补充能力强弱两组银行中各变量的相关关系。

为直观地反映两类银行资本缓冲与经济周期、信贷投放的关系存在差异，表 6.2 列示两类银行各关键变量间的皮尔逊相关系数，以表 6.2 中 1 为界限，其左下三角和右上三角分别对应于国有及股份制银行样本和城市及农村商业银行样本。

表 6.2　　分样本相关系数矩阵

变量	carbuf	corebuf	gdp	lending
carbuf	1	0.93***	-0.46***	0.09
corebuf	0.98***	1	-0.33***	0.11*
gdp	0.12	0.15	1	0.03
lending	0.25**	0.29***	0.09	1

注：***、** 和 * 分别表示在 1%、5% 和 10% 的水平上显著。

国有及股份制银行资本缓冲与 GDP 增长无明显相关性，但与贷款增速显著正相关。相比之下，城市及农村商业银行资本缓冲和 GDP 增长呈显著负相关，但和贷款增速相关性较弱。核心变量之间相关系数的差异初步凸显了分类探讨资本缓冲顺周期问题的必要性。

三、基本估计结果分析

（1）经济波动对资本缓冲的影响。式（6.12）的估计结果如表 6.3 所示。序列相关检验结果显示，扰动项的差分存在一阶自相关，但不存在二阶自相关，故认为模型扰动项无自相关，可以使用系统 GMM。sargan 检验无法拒绝所有工具变量有效的原假设，可以进行下一步分析。我们最感兴趣的是核心解释变量 gdp 的估计系数。首先，是系数的符号和显著性。在以一般资本缓冲为解释变量的第（1）~第（3）列中和以核心资本缓冲为被解释变量的第（4）~第（6）列中，国有及股份制银行样本 GDP 系数在 1% 水平上显著为正，而城市及农村商业银行和全样本中 GDP 系数在 1% 水平显著为负。可见两类银行的资本缓冲对经济波动的反应截然不同，忽略内部差异性而仅使用全样本进行分析得到的结论具有一定的误导性。其次，系数的大小。以一般资本缓冲为被解释变量回归中，本书国有及股份制银行组 gdp 估计系数 0.2460 大于蒋海、罗贵君和朱滔（2012）的估计系数 0.135，而城市及农村商业银行组 gdp 估计系数 -0.5030 明显小于梁琪和党宇峰（2013）的估计系数 -0.1100，但总体而言仍处于较为接近的区间内。我们进一步根据表 6.3 中 gdp 的估计系数，计算了当 gdp 下降 1 个单位，平均而言资本缓冲相对样本均值发生的变化。结果表明，单位 gdp 的变化使国有及股份制银行的一般资本缓冲和核心资本缓冲分别相对样本均值上升 5.87% 和 5.85%，使城市及农村商业银行一般资本缓冲和核心资本缓冲分别相对样本均值下降 12.71% 和 6.52%，可见经济波动对银行资本缓冲确实有较大的影响。综上所述，国有及股份制银行资本缓冲表现出顺周期变化特征，而城市及农村商业银行的资本缓冲表现出逆周期变化特征。①

表 6.3　　经济波动对资本缓冲的影响

变量	一般资本缓冲			核心资本缓冲		
	(1) 强	(2) 弱	(3) 全样本	(4) 强	(5) 弱	(6) 全样本
$buffer_{it-1}$	0.0491 (0.9500)	0.1820 *** (3.3500)	0.1910 *** (4.5200)	0.1330 ** (2.4700)	0.2530 *** (4.6300)	0.2450 *** (5.2300)
gdp_t	0.2460 *** (2.9200)	-0.5030 *** (-3.2900)	-0.3460 *** (-5)	0.3240 *** (3.4100)	-0.4340 *** (-3.3300)	-0.3330 *** (-4.7200)
$size_t$	1.1140 *** (7.2600)	-0.7240 (-1.6200)	-0.3900 ** (-2.2500)	1.0600 *** (6.2800)	-1.0100 ** (-2.3500)	-0.7410 *** (-4.5400)
roe_t	-0.1500 *** (-3.3600)	-0.0735 ** (-2.2500)	-0.0500 (-1.5000)	-0.1790 *** (-3.5800)	-0.0900 *** (-2.8200)	-0.0670 ** (-2.1100)
npl_t	-1.1620 *** (-4.7500)	-0.1310 ** (-2.1000)	-0.0920 (-1.6700)	-1.1570 *** (-4.2300)	-0.1010 (-1.6200)	-0.0560 (-0.9900)
常数项	-10.3600 *** (-4.5000)	18.3300 *** (2.7200)	12.9700 *** (4.9200)	-8.9590 *** (-3.4900)	22.4400 *** (3.7700)	18.5600 *** (6.7000)
yeardum	53.3500 [0]	29.0200 [0]	34.8200 [0]	35.1400 [0]	30.8200 [0]	35 [0]
arm1	0.9090 [0.3600]	-3.6240 [0]	-3.8920 [0]	-1.9550 [0.0500]	-3.5400 [0.0300]	-3.8800 [0]
arm2	-1.8350 [0.8900]	-1.9900 [0.1400]	-1.9900 [0.0600]	0.0962 [0.1700]	-1.6520 [0.1300]	-1.9930 [0.0900]
sargan	0.2750 [1]	51.0500 [0.9900]	61.5500 [0.9900]	3.1200 [1]	49.8200 [1]	66.9200 [0.9400]
观测值	88	301	388	88	301	388

注：(1)"强"("弱")代表资本补充能力强(弱)的银行样本。(2)() 内为t统计量值，***、** 和 * 分别表示在估计系数1%、5%和10%的水平上显著。(3) yeardum 为检验年度虚拟变量联合显著性的 wald 统计量值，arm1 和 arm2 分别为扰动项一阶差分序列的一阶和二阶序列相关检验值，sargan 为模型 sargan 统计量值，[ ] 内为各统计量的 p 值。

① 顺周期变化和逆周期变化只是从资本缓冲时间序列变动趋势角度进行描述，并不等同于顺周期性。

控制变量方面，被解释变量的一阶滞后为正，证实了资本缓冲调整成本的存在。进一步比较发现，国有及股份制银行的估计系数小于城市及农村商业银行，说明城市及农村商业银行较难调整其资本缓冲，反映出城市及农村商业银行资本补充能力差的现状。而一般资本缓冲的估计系数小于核心资本缓冲，意味着越是核心的资本越难以调整。规模变量在两类银行中估计系数相反，说明单独以“大而不倒”带来的道德风险机制无法对中国商业银行的资本缓冲做出统一解释，其他受银行规模影响的因素（如银行特许权价值、外部监管强度等）也会影响银行规模变量的估计系数。净资产收益率变量对资本缓冲具有负向影响，说明 roe 较好地度量了持有资本缓冲的机会成本。度量了事后风险的不良贷款率的系数呈现出统一的负值，表明银行不良贷款率消耗了当期银行利润，从而降低了银行的资本缓冲。年度虚拟变量联合显著性的 wald 检验结果表明模型中确有必要加入年度虚拟变量。

（2）资本缓冲对信贷供给的影响。表 6.4 列示了式（6.12）的估计结果，sargan 检验和二阶序列相关检验均不能拒绝零假设，表明 GMM 方法的有效性。我们主要关注资本缓冲对贷款增速的影响系数。从系数符号上看，当期资本缓冲系数均为负号，而上期资本缓冲系数均为正号，符合对银行资本缓冲与贷款动态关系的分析。就系数显著性而言，当期资本缓冲对国有及股份制银行信贷的负向影响不显著，但能显著抑制城市及农村商业银行信贷供给。上期资本缓冲中，除上期一般资本缓冲对国有及股份制银行信贷的正向影响不显著外，其他系数均显著为正。再来比较系数的大小，可以发现两类银行当期资本缓冲和上期资本缓冲系数绝对值的大小存在有趣的差异，即对国有及股份制银行来说，上期资本缓冲的正向影响大于当期资本缓冲的负向影响；相反，城市及农村商业银行组的估计结果表明当期资本缓冲的负向影响大于上期资本缓冲的正向影响。综合分析表 6.4 中核心解释变量系数的符号、显著性和绝对额，可知国有及股份制银行资本缓冲尤其是核心资本缓冲对信贷投放有一定的正向影响，但城市及农村商业银行的两类资本缓冲上升均不利于信贷供给。

两组银行内其他控制估计系数也出现了一定的差异性。但总体而言，上期资产流动性有利于银行信贷扩张，因为流动性充足的银行放贷时不必过多担心自身流动风险。不良贷款率上升不利于银行信贷增长，显然是银行对信贷风险的自觉反应。银行规模越大，信贷增速越低，与预期相符。显然，m2 增对银行信贷具有显著地正向影响，显示出宽松货币政策下银行具有放贷冲动。然而，gdp 系数在两组银行间出现了一定的差异，即对城市及农村商业银行，gdp 上升显著地提高了银行放贷增速，显示出城市行放贷的顺周期性。但对于国有及股份制银行，GDP 增速上升反而降低了银行信贷增速（尽管并不显著），与预期不符。可能的原因在于，国有及股份制银行承担着较强的逆周期调节任务，即经济过热时，央行要求紧缩信贷，这些银行首当其冲；而当经济下滑时，这些银行又必须保持一定的贷款投放。

表 6.4　　资本缓冲对信贷供给的影响

变量	一般资本缓冲			核心资本缓冲		
	（1）强	（2）弱	（3）全样本	（4）强	（5）弱	（6）全样本
$lending_{i,t-1}$	0.1090 (1.5200)	0.1830*** (2.9000)	0.2460*** (4.5600)	0.0816 (1.2000)	0.1960*** (3.2000)	0.2430*** (4.5500)
$buffer_{i,t}$	-0.2080 (-0.3800)	-1.7110*** (-3.1900)	-2.0500*** (-3.9300)	-0.4730 (-1.0600)	-1.8320*** (-3.2200)	-2.0680*** (-4.7200)
$buffer_{i,t-1}$	0.5110 (1.3900)	0.8420* (1.9700)	0.7270* (1.8200)	1.1490*** (3.5600)	1.1200*** (2.9000)	1.0180*** (2.7100)
$lr_{i,t}$	-0.4780*** (-3.8400)	0.1350 (0.1000)	0.0612 (0.4800)	-0.3650*** (-3.1100)	0.0860 (0.6100)	0.0383 (0.3000)
$lr_{i,t-1}$	-0.1660 (-1.2300)	0.4850*** (3.4000)	0.3770*** (2.7300)	-0.2020 (-1.5900)	0.5050*** (3.5500)	0.3470** (2.5400)
$npl_{i,t}$	-10.7600*** (-5.8000)	-1.0200* (-1.9700)	-1.1570** (-2)	-10.1700*** (-5.6800)	-0.9750* (-1.9200)	-1.1320** (-2.0800)
$npl_{i,t-1}$	4.5690*** (2.9400)	-0.2640 (-0.6900)	-0.6620 (-1.3900)	4.4900*** (3.2600)	-0.0760 (-0.1900)	-0.3680 (-0.8000)
$size_{i,t}$	-5.0300*** (-4.9900)	0.5420 (0.2800)	-2.1990** (-2.2000)	-5.2140*** (-5.4400)	-0.1630 (-0.1100)	-3.1520*** (-2.8300)

续表

变量	一般资本缓冲			核心资本缓冲		
	（1）强	（2）弱	（3）全样本	（4）强	（5）弱	（6）全样本
$m2_t$	0.8100*** (5.2900)	1.0940*** (4.4500)	0.9730*** (5.5400)	0.8150*** (5.9800)	1.0100*** (4.2600)	0.8780*** (5.1300)
gdp_t	-0.7640 (-1.2800)	1.4410** (2.0900)	0.5120 (0.9300)	-0.8900 (-1.6000)	1.5860** (2.5100)	0.4210 (0.7900)
常数项	110*** (4.9700)	-32.3800 (-1.0300)	17.5800 (0.9100)	108.9000*** (5.1800)	-26.5600 (-0.8300)	33.4800 (1.5800)
yeardum	16.3400 [0.0100]	14.3200 [0.0100]	11.4100 [0.0400]	11.4600 [0.0400]	19.2600 [0.0100]	13.5100 [0.0200]
arm1	-2.6200 [0.0900]	-3.2300 [0.0100]	-1.6540 [0]	-2.6840 [0.1000]	-2.9800 [0.0100]	-1.3140 [0]
arm2	0.1310 [0.3700]	0.3140 [0.9000]	0.2720 [0.7500]	0.7140 [0.7900]	0.6440 [0.4700]	0.9020 [0.5200]
sargan	42.1000 [1]	57.9900 [0.9900]	6.9800 [0.9600]	36.1200 [1]	55.3600 [1]	4.3800 [0.9800]
观测值	82	249	331	82	249	331

注：（1）“强”（“弱”）代表资本补充能力强（弱）的银行样本。（2）（）内为t统计量值，***、**和*分别表示在估计系数1%、5%和10%的水平上显著。（3）年度虚拟变量yeardum为检验年度虚拟变量联合显著性的wald统计量值，arm1和arm2分别为扰动项一阶差分序列的一阶和二阶序列相关检验值，sargan为模型sargan统计量值，[ ] 内为各统计量的p值。

表6.3和表6.4共同构成了分析我国商业银行顺周期问题的基础。综合上述分析可得本书基本结论，一方面，我国城市及农村商业银行的一般资本缓冲和核心资本缓冲均具有顺周期性。经济上升（紧缩）时，城市及农村商业银行资本缓冲下降（上升），促进（抑制）了当期的贷款供给，以更少的资本缓冲支持更多的贷款，在降低金融系统稳定性的同时进一步加大了经济波动。另一方面，国有及股份制银行的资本缓冲也具有与经济周期正相关的变动趋势，这与国内多数研究得到的结论一致。但是国内多数研究止步于此，并未对资本缓冲和银行信贷之间的关系进行检验。

本书发现资本缓冲对下期银行信贷产生了一定的正向影响，但由于其贷款扩张时拥有较多的资本缓冲作为保障，并未增加自身和金融系统脆弱性，因此可以认为国有及股份制银行资本缓冲无明显的周期性。

四、稳健性检验

(1) 变更模型的主要变量。对于式 (6.11)，我们使用其他反映经济波动的指标替换实际 GDP 增长率，可供选择的指标包括，工业增加值增速、经理人采购指数、全国用电量增速、产出缺口、消费者信心指数等，我们分别使用上述指标进行估计，结果发现除产出缺口估计系数显著性较差外，其余变量均与实际 GDP 增长估计符号一致。这里列示了比较具有代表性的消费者信心指数为解释变量的估计结果。[①] 消费者信心指数 (consumer confidence index，CCI) 是反映消费者信心强弱的指标，综合反映并量化消费者对当前经济形势评价和对经济前景、收入水平、收入预期以及消费心理状态的主观感受，是预测经济走势和消费趋向的一个先行指标，也是监测经济周期变化不可缺少的依据。表 6.5 列示了消费者信心指数 CCI 为解释变量时的估计结果，再次表明国有及股份制银行与城市及农村商业银行资本缓冲对经济波动的差异性反映。

表 6.5　　稳健性检验：替换核心变量

变量	使用 cci 替换 gdp			
	总资本缓冲		核心资本缓冲	
	(1) 强	(2) 弱	(3) 强	(4) 弱
$buffer_{i,t-1}$	0.0491 (0.9500)	0.1840*** (3.3800)	0.1330** (2.4700)	0.2680*** (4.8400)

① 产出缺口得到的估计系数不显著，可能原因在于使用 HP 滤波得到的产出缺口本身，可能并非对真实产出缺口的有效反映，也可能是因为我们在 HP 滤波的技术细节（主要是对信噪比 λ 的设定并无坚实的依据）上出现了错误。

续表

变量	使用 cci 替换 gdp			
	总资本缓冲		核心资本缓冲	
	（1）强	（2）弱	（3）强	（4）弱
cci_t	0. 2380 *** (5. 8600)	-0. 2310 *** (-4. 7300)	0. 2840 *** (6. 1100)	-0. 1550 *** (-3. 3000)
$size_{i,t}$	1. 1140 *** (7. 2600)	-0. 7370 (-1. 6000)	1. 0600 *** (6. 2800)	-1. 0100 ** (-2. 2900)
$roe_{i,t}$	-0. 1500 *** (-3. 3600)	-0. 0730 ** (-2. 2800)	-0. 1790 *** (-3. 5800)	-0. 0890 *** (-2. 7500)
$npl_{i,t}$	-1. 1620 *** (-4. 7500)	-0. 1270 ** (-2. 0700)	-1. 1570 *** (-4. 2300)	-0. 1000 (-1. 6300)
常数项	-33. 7300 *** (-6. 6200)	37. 2400 *** (4. 1800)	-36. 4000 *** (-6. 3000)	33. 8500 *** (3. 9400)
yeardum	21. 2600 [0]	42. 1400 [0]	10. 5600 [0. 0800]	35. 4100 [0]
arm1	0. 9090 [0. 0600]	-3. 5640 [0]	-1. 9550 [0. 0500]	-3. 5390 [0. 0400]
arm2	-1. 8350 [0. 6600]	-1. 9430 [0. 5200]	0. 0962 [0. 9200]	-1. 6460 [0. 1000]
Sargan	0. 2750 [1]	50. 3500 [0. 9900]	3. 1200 [1]	49. 8100 [0. 9900]
观测值	88	301	88	301

注：（1）“强”（“弱”）代表资本补充能力强（弱）的银行样本。（2）（）内为 t 统计量值，*** 、** 和 * 分别表示在估计系数 1% 、5% 和 10% 的水平上显著。（3）年度虚拟变量 yeardum 为检验年度虚拟变量联合显著性的 wald 统计量值，arm1 和 arm2 分别为扰动项一阶差分序列的一阶和二阶序列相关检验值，sargan 为模型 sargan 统计量值，[ ] 内为各统计量的 p 值。

（2）调整样本范围。银监会在 2011 年 8 月 15 日公布了《商业银行资本管理办法（征求意见稿）》，原计划在 2012 年 1 月 1 日开始实行。但是，在稳增长的大背景下，为防止过快引入新的资本监管办法对银行信贷产生抑制作用，《商业银行资本管理办法（试行）》被推迟至2013年1月1日正式实施。由于政策变更的预期效应，2011年和2012年各银行已经开始着手调整资本缓冲，但这种调整和经济周期变动并无直接关联。尽管在模型中加入年度虚拟变量有助于控制政策变更的影响，但更为直接有效的办法是剔除2011年和2012年样本进行回归，结果如表6.6所示。国有及股份制银行gdp系数仍显著为正，城市及农村商业银行gdp系数显著为负，调整样本范围并不改变本书基本结论。

表6.6　　稳健性检验：调整样本区间

变量	调整样本区间：2004—2010年			
	总资本缓冲		核心资本缓冲	
	（1）强	（2）弱	（3）强	（4）弱
$buffer_{i,t-1}$	0.0180 (0.2500)	0.1620** (2.1400)	0.1440** (1.9900)	0.1940** (2.5700)
gdp	0.2200** (2.0200)	-0.4520*** (-3.6100)	0.1900* (1.6600)	-0.3320*** (-2.8700)
$size_{i,t}$	1.3440*** (5.7100)	-0.6010 (-1.2300)	1.3300*** (5.3200)	-0.9530* (-1.7500)
$roe_{i,t}$	-0.1700*** (-2.6000)	-0.0662* (-1.8000)	-0.2210*** (-3.1200)	-0.0930** (-2.5700)
$npl_{i,t}$	-1.3610*** (-3.9700)	-0.2610** (-2.2800)	-1.2480*** (-3.3900)	-0.2280** (-2.0500)
常数项	-9.2740*** (-3.3100)	16.8800** (2.3300)	-10.0100*** (-3.2600)	21.5500*** (3.0800)
yeardum	32.2500 [0]	14.4900 [0]	17.9400 [0]	14.2300 [0]
arm1	-1.5400 [0.0900]	-3.0480 [0]	-1.6330 [0.1000]	-3.1520 [0]
arm2	-1.0300 [0.2400]	-1.6130 [0.1500]	-0.9040 [0.3700]	-1.99200 [0.4200]

续表

变量	调整样本区间：2004—2010 年			
	总资本缓冲		核心资本缓冲	
	（1）强	（2）弱	（3）强	（4）弱
Sargan	6.0200 [0.9900]	48.6550 [0.7900]	6.7010 [1]	49.3200 [0.8800]
观测值	58	218	58	218

注：（1）“强”（“弱”）代表资本补充能力强（弱）的银行样本。（2）（）内为 t 统计量值，*** 、** 和 * 分别表示在估计系数 1% 、5% 和 10% 的水平上显著。（3）yeardum 为检验年度虚拟变量联合显著性的 wald 统计量值，arm1 和 arm2 分别为扰动项一阶差分序列的一阶和二阶序列相关检验值，sargan 为模型 sargan 统计量值，[ ] 内为各统计量的 p 值。

（3）调整控制变量。对于式（6.12），考虑到已有文献中大多仅使用了资本缓冲的当期变量，我们也对其“做减法”，使用系统 GMM 方法估计只包括 $buffer_{i,t}$ 的模型，估计结果如表 6.7 所示。结果显示，国有及股份制银行中，$buffer_{i,t}$ 估计系数不显著，且两类资本缓冲下系数符号发生了改变。而城市及农村商业银行中，$buffer_{i,t}$ 则一致地降低了一般资本缓冲和核心资本缓冲。这再次表明两类银行资本缓冲影响贷款供给的机制存在明显不同，也显示出城市及农村商业银行资本缓冲对信贷具有抑制作用这一结论较为稳健。

表 6.7　　资本缓冲影响信贷供给的稳健性检验

变量	一般资本缓冲		核心资本缓冲	
	（1）强	（2）弱	（3）强	（4）弱
$lending_{i,t-1}$	-0.1380*** (-2.5800)	0.2380*** (3.7900)	-0.1420*** (-2.6600)	0.2470*** (4.0900)
buffer	-0.3880 (-0.9200)	-1.3300*** (-3.1100)	0.1850 (0.4600)	-0.8690** (-2.4700)
lr	-0.4650*** (-4.1800)	0.1350 (0.9800)	-0.3910*** (-3.5700)	0.0384 (0.2900)

续表

变量	一般资本缓冲		核心资本缓冲	
	（1）强	（2）弱	（3）强	（4）弱
llr	-0.2900** (-2.2600)	0.4840*** (3.8000)	-0.3440*** (-2.6600)	0.4680*** (3.8100)
npl	-5.3230*** (-3.7200)	-1.1750** (-2.1900)	-5.2080*** (-3.5800)	-0.8240* (-1.7000)
lnpl	0.2750 (0.2500)	0.2330 (0.5400)	0.5170 (0.4500)	0.0282 (0.0700)
size	-7.0330*** (-10.4100)	-3.3640* (-1.8500)	-7.4720*** (-10.7500)	-3.8080** (-2.1600)
m2	1.0070*** (8.4100)	0.8960*** (5.5300)	1.05400*** (9.1400)	0.8060*** (5.3000)
gdp	0.2230 (0.4600)	-1.3550*** (-3.2400)	0.3020 (0.6500)	-1.5330*** (-3.5100)
常数项	150.4000*** (10.4500)	25.8400 (1.2500)	154.1000*** (10.4800)	34.5300* (1.7100)
yeardum	2.6900 [0.0100]	16.8000 [0.0100]	11.2600 [0.0400]	11.0400 [0.0100]
arm1	-1.1540 [0.2500]	-2.8670 [0]	-2.3790 [0.1700]	-2.7840 [0.0100]
arm2	-0.8790 [0.3800]	-0.1460 [0.8800]	-1.5870 [0.1100]	-0.2330 [0.8100]
sargan	8.7760 [1]	44.3800 [0.9900]	8.3250 [1]	44.4100 [0.9900]
观测值	83	254	83	254

注：（1）控制变量不包括 $buffer_{i,t-1}$。（2）“强”（“弱”）代表资本补充能力强（弱）的银行样本。（3）（）内为t统计量值，***、**和*分别表示在估计系数1%、5%和10%的水平上显著。（4）yeardum 为检验年度虚拟变量联合显著性的 wald 统计量值，arm1 和 arm2 分别为扰动项一阶差分序列的一阶和二阶序列相关检验值，sargan 为模型 sargan 统计量值，[ ] 内为各统计量的 p 值。

（4）对资本缓冲分子和分母周期性的进一步分析。式（6.11）的估计结果表明，经济波动对国有及股份制银行资本缓冲影响为负，对城市及农村商业银行资本缓冲影响为正。那么，这种差异性的内在原因是什么？

进一步考察银行资本缓冲的分子和分母部分如何随经济周期而改变有助于回答这一问题，我们估计以下模型：

$$captial_{it} = a_0 + a_1 captial_{it-1} + a_2 gdp_t + a_3 roe_{it} + a_4 npl_{it} + a_5 size_{it} + ydum + \kappa_i + \nu_{it} \tag{6.13}$$

$$rwa_{it} = b_0 + b_1 rwa_{it-1} + b_2 gdp_t + b_3 roe_{it} + b_4 npl_{it} + b_5 size_{it} + ydum + \sigma_i + \xi_{it} \tag{6.14}$$

式（6.13）被解释变量 capital 是符合监管要求的资本占总资产比率，式（6.14）被解释变量 rwa 是银行加权风险资产占总资产比率。[①] 两个模型的核心解释变量都是 gdp 增速，其系数 a_2 和 b_2 是我们重点关注的对象。其他变量与式（6.12）相似，不再赘述。我们采取系统 GMM 方法估计式（6.13）和式（6.14），具体设定细节与应用系统 GMM 方法估计式（6.12）时相同，估计结果如表 6.8 所示。第（5）、第（6）列表明，经济波动对两类银行资本缓冲的分母部分均未产生显著的影响，可能的原因是经济上行阶段银行风险资产数额上升，但风险权重下降，导致加权风险资产数量无明显变化。但是，第（1）~第（4）列估计结果显示，经济波动对两类银行资本缓冲的分子部分产生了截然不同的影响，即经济上行阶段，国有及股份制银行资本占比上升，而城市及农村商业银行资产占比下降。

面临经济波动，银行可以调整资本缓冲的分子部分即资本数量，也可以改变资本缓冲的分母部分即加权风险资产。在加权风险资产占总资产比例对经济波动不敏感的前提下，两类银行资本缓冲对经济波动的反应取决于其分子部分的调整。现实中，由于投资者和银行之间信息非对称，从外部获得资本从而调节分子部分可能较为困难，对资本补充能力较弱的城市及农村商业银行更是如此。在较好的经济形势下，城市及农村商业银行总资产扩张速度超过资本补充速度，从而导致监管资本占资产比例下降，进而导致其资本缓

① 符合监管要求的资本包括总监管资本（total regulatory capital）和核心监管资本（regulatory tier1 captial），资料来自 bankscope。但 bankscope 中加权风险资产（risk weighted asset，RWA）缺失值较多，因此本文借鉴方意等（2012）的方法，用核心监管资本除以资本充足率得到。

冲下降。相反，国有及股份制银行在经济上行阶段可以相对容易地从资本市场上融资（包括发行股票和发行次级债），如果资本补充速度快于总资产增长速度，其资本缓冲也将有所上升。可见，两类银行不同的资本补充能力决定了不同的监管资本调整模式，进而导致了资本缓冲对经济波动的不同反应。

表 6.8　　资本缓冲分子和分母的周期性

变量	总监管资本占资产比率		核心监管资本占资产比率		风险资产占资产比率	
	（1）强	（2）弱	（3）强	（4）弱	（5）强	（6）弱
y_{it-1}	0.2340 *** (3.6500)	0.2360 *** (3.5500)	0.2270 *** (3.6100)	0.3130 *** (4.1600)	0.4760 *** (5.0200)	0.3060 *** (5.7900)
gdp	0.1790 *** (2.6500)	-0.2920 *** (-3.7000)	0.2030 *** (3.0600)	-0.2670 *** (-3.2500)	-0.0355 (-0.1100)	-0.5140 (-1.5200)
size	0.6170 *** (4.7100)	-0.6030 ** (-2.1100)	0.6050 *** (4.8100)	-0.6710 ** (-2.3100)	0.4890 (0.8400)	-3.2450 ** (-2.3700)
roae	-0.0544 (-1.5700)	-0.0490 ** (-2.4600)	-0.0953 *** (-2.7200)	-0.0512 ** (-2.2400)	-0.2460 * (-1.6600)	-0.0690 (-0.8800)
npl	-0.7920 *** (-4.0200)	-0.0460 (-1.3100)	-0.7530 *** (-3.8600)	0.0170 (0.4500)	-1.2440 (-1.2900)	0.0030 (0.0200)
常数项	-3.3500 (-1.5600)	16.2200 *** (4)	-3.8090 * (-1.8700)	15.3600 *** (3.8100)	28.3600 *** (2.7000)	82.2400 *** (4.3600)
yeardum	28.8500 [0]	19.3300 [0]	25.5700 [0]	18.7100 [0]	23.3500 [0]	34.1300 [0]
arm1	0.0897 [0.9300]	-2.8340 [0]	-0.0010 [0.9900]	-2.4820 [0.0200]	-1.2650 [0.2000]	-3.2300 [0]
arm2	-0.8950 [0.3700]	-1.4600 [0.1300]	-1.3470 [0.1700]	-0.3480 [0.7100]	0.7440 [0.4600]	0.4310 [0.6700]
sargan	3.1380 [1]	42.4200 [0.9900]	0.8880 [1]	38.8600 [0.9900]	10.6150 [0.9900]	39.6600 [0.9900]
观测值	88	219	88	201	88	219

注：（1）“强”（“弱”）代表资本补充能力强（弱）的银行样本。（2）（）内为t统计量值，***、** 和 * 分别表示在估计系数 1%、5% 和 10% 的水平上显著。（3）yeardum 为检验年度虚拟变量联合显著性的 wald 统计量值，arm1 和 arm2 分别为扰动项一阶差分序列的一阶和二阶序列相关检验值，sargan 为模型 sargan 统计量值，[ ] 内为各统计量的 p 值。

第三节 本章小节

在按资本补充能力强弱对银行进行分组后，本章应用我国商业银行构成的非平衡面板数据，实证检验了我国商业银行资本缓冲的周期性。结果表明，资本补充能力较强的银行（国有及股份制银行）的资本缓冲具有逆周期性，而资本补充能力较弱的银行（城市及农村商业银行）的资本缓冲具有顺周期性。进一步分析发现，资本补充能力强的银行可以随经济周期而灵活地调整资本数量，经济形势越好、资本补充越多、资本占总资产比例越高；而资本补充能力弱的银行资本补充速度小于资产扩张速度，其资本占资产比例在经济上升时反而有明显下降。在银行的风险加权资产对经济周期不敏感的前提下，正是上述资本调整行为的差异导致了两类银行资本缓冲周期性不同。此外本章还发现，资本补充能力弱的银行为提高资本缓冲，只好诉诸降低贷款供给，导致贷款供给和资本缓冲显著负相关；相比之下，资本补充能力强的银行资本缓冲对贷款供给的负向影响并不显著。

本章的贡献体现为，为中国银行业不同类型银行的资本缓冲周期性特征提供了经验证据，同时基于银行资本补充能力的视角给予了解释。此外，本章在实证分析时同时考察了与一般资本充足率要求对应的总资本缓冲和与核心资本充足率要求对应的核心资本缓冲，是对已有国内文献仅研究总资本缓冲周期性的一个补充。

第七章

研究结论与展望

第一节 研究结论和政策建议

本书研究结论主要包括以下几点内容。

（1）银行存在最优资本充足率。通过估计商业银行资本结构的部分调整模型，发现了资本充足率倾向于回归到一个由银行微观特征所决定的目标值。这些微观特征主要反映了银行自身的经营模式和风险收益状况，说明商业银行通过权衡资本充足率调整的成本和收益，不断趋近最优资本充足率。

（2）资本补充能力强（弱）的商业银行资本调整速度快（慢），表现为实证模型中国有和股份制银行组中上一期资本充足率的系数 β 小于城市及农村商业银行，说明前者资本充足率调整受上期影响更小、调整半周期更短。理论分析表明，资本调整能力可以用一个反映资本调整成本的参数 δ 加以刻画，国有和股份制银行的 δ 值小于城市及农村商业银行，在资产调整成本相同的情况下，前者的总调整成本低于后者，因此可以更快地趋近目标值。除了对两组银行 β 系数大小进行比较，本书还分析了两组银行的资本充足率偏离程度（即实际资本充足率于目标资本充足率的差额），发现国有和股份制银行资本充足率偏离程度明显低于城市及农村商业银行。

（3）资本补充能力强的主要靠调整资本（包括核心资本和附属资本），次要是调整风险资产结构；相反，资本补充能力弱的银行主要靠调整风险资产总量，其次是调整核心资本。具体而言，在资本调整方面，资本补充能力强的银行会运用股权融资工具补充核心资本，也会通过发行次级债调整附属资本，而资本补充能力弱的银行只能依赖股权融资调整核心资本。在风险资产调整方面，资本补充能力强的银行主要是调整不同类型风险资产之间的比例结构，而资本补充能力弱的银行主要靠调整资产及贷款总量。此外还有两点发现，一是风险加权资产不能真实地反映银行的风险水平，二是留存收益转增资本并非我国银行调整资本充足率缺口的主要方式。

（4）资本补充能力强（弱）的商业银行资本缓冲具有逆（顺）周期性。进一步分析发现，资本补充能力强的银行可以随经济周期而灵活地调整资本数量，经济形势越好，资本补充越多、资本占总资产比例越高；而资本补充能力弱的银行资本补充速度小于资产扩张速度，其资本占资产比例在经济上升时反而有明显下降。在银行的风险加权资产对经济周期不敏感的前提下，正是上述资本调整行为的差异导致了两类银行资本缓冲周期性不同。此外本书还发现，资本补充能力弱的银行为提高资本缓冲，只好诉诸降低贷款供给，导致贷款供给和资本缓冲显著负相关；相比之下，资本补充能力强的银行的资本缓冲对贷款供给的负向影响并不显著。

基于上述研究结论，本书可得出以下几点政策启示。

（1）加强银行资本补充能力具有重要意义。从商业银行自身来看，为了达到适合自身经营状况的目标资本充足率，资本补充能力较强的银行不必付出放弃优质贷款项目的代价，这有助于提高盈利能力，并保证绩效的稳定性。从银行监管部门来看，较高的资本补充能力赋予银行在调整方式上的灵活性，面临新的更为严格的资本监管规则，资本补充能力强的银行不会大幅收缩信贷供给，从而降低了监管规则变化在短期内对实体经济造成的负面影响。此外，提高银行资本补充能力可以从更为根本的层面缓解银行资本缓冲顺周期问题。

（2）城市及农村商业银行资本补充能力亟待提高。城市及农村商业银行在上市融资和发行附属资本工具方面均存在劣势，资本补充能力较弱。内源补充方面，城市及农村商业银行应不断提高经营水平和盈利能力，优化利润分享机制，从而获得更多资本补充主动权。外源补充方面，对于大多数尚未上市的城市及农村商业银行，地方政府作为主要股东需承担应有的增资扩股责任，除依据自身财力的注资外，还应积极引进实力较强的上市公司、民营资本参股城市及农村商业银行。短期来看，作为对城市及农村商业银行主要股东和控制人的地方政府应积极鼓励支持银行引进实力较强的上市公司、民营资本参股。从长远看，城市及农村商业银行应积极改善资产质量、完善治理结构、吸引战略投资者，从而争取早日上市。监管部门应通过完善发行条款、会计处理等规定积极推动银行资本工具创新，鼓励支持包括城市及农村商业银行在内的各类银行探索发行更多非普通股权益工具、债务工具，助力商业银行构建多层次、多元化资本补充渠道。

（3）我国银行内源式资本补充机制有待完善。银行内源式资本补充速度无法满足资本充足率约束下贷款增长的需要，只好依靠外部融资来弥补。当期我国银行业整体而言主要依赖外源融资补充资本，反映出银行资本内生动力的不足。对此，一方面，银行要提高内源式资本补充能力，在现阶段对资本需求较大的情况下，应优先采取转增股本的方式进行利润分配，必要情况下减少分红比例，逐步完善内源式资本补充机制。另一方面，银行要转变发展模式，通过牢固树立资本约束意识，逐步改变外延式、粗放型发展理念，培育各类低资本消耗业务，从根本上缓解银行资本补充的压力。

（4）较强的资本补充能力有助于提高银行资本缓冲的分子，但也不能忽视对资本缓冲的分母即风险加权资产的管理。资产规模方面，银行应树立资本先行、稳健扩张理念，业务发展要以资本充足、风险可控为前提；监管部门也应对城商行分支设立，特别是跨地域经营进行资本金等方面的严格审查。资产结构方面，商业银行应树立经济资本理念，逐步摆脱对信贷业务等高风险权重业务的过度依赖，积极拓展低资本消耗型业务，如大力发展中间业务、各类财富和资产管理业务，实现业务转型。

（5）对商业银行资本充足率的监管应注意不同银行资本缓冲周期性的差异性。单独实施逆周期资本缓冲要求不足以克服我国银行业顺周期问题。一方面，要积极推进逆周期资本缓冲机制的设计和应用，以强化城市及农村商业银行的审慎经营；另一方面，也要考虑采用逆周期的动态拨备制度和其他缓释措施，以抑制国有及股份制银行的顺周期行为。国有及股份制银行和城市及农村商业银行资本补充能力不同，未来还应注意逆周期资本缓冲要求对不同类型银行的差异性效果。为计提数量为风险加权资产的0~2.5%逆周期资本，在无法有效补充资本的情况下，城市及农村商业银行将不得不减少贷款投放以降低风险加权资产总量，从而削弱了城市及农村商业银行服务地方经济发展的能力。为此，在设计逆周期资本缓冲机制细节时，应考虑对国有及股份制银行和城市及农村商业银行采用差异化的监管要求。

第二节 不足之处和研究展望

本书的研究仍有不足之处，主要有以下几点内容。

（1）由于数据来源的限制，所选的88家商业银行只是财务数据较为完善的商业银行，虽然样本银行对我国商业银行整体具有较好的代表性，但是仍不可避免地存在一定的偏差。下一步要全面分析不同资本补充能力下商业银行资本充足率的调整问题，还需要从各个渠道获取更多商业银行的财务数据。

（2）本书划分商业银行资本补充能力强弱的依据是“银行所属梯队”这一分组方法，虽然能够较好地捕捉不同类型商业银行资本补充能力的异质性，但这种简单的分组方法无法精确度量不同银行资本补充能力的差异。事实上，一些规模较大的、也已上市的城商行和农商行资本补充能力可能并不逊于未上市的股份制银行。对此，本书正文部分的处理办法主要是对梯队划分法进行微调后再做实证分析，但更为有效的方法是对样本中各家银行的资本补充能力进行测度或赋值，充分反映不同银行之间资本补充能力的差异和同一家银行不同时间资本补充能力的演变。

(3) 本书对于商业银行资本结构的调整仍然有待深入，如细分商业银行资本充足率缺口的正负符号。已有文献中，我们发现克里斯托弗和舍彭（2013）考虑了正负缺口的影响，其研究表明银行对正的缺口（实际资本充足率低于目标资本充足率）反应更大。在本书写作过程中我们也考察过这种影响，但是由于样本数量限制，分资本充足率缺口正负的回归效果较差，我们无法有效进行这方面的细化分析。

(4) 本书建立的理论模型虽然简明有效地推出了可供检验的研究假说，但更理想的情况是使用一个统一的理论模型来推导出所有研究假说，这就需要建立规模更大的理论模型，以充分纳入多种因素的影响。

参考文献

[1] 白俊，连立帅. 信贷资金配置差异：所有制歧视抑或禀赋差异？[J]. 管理世界，2012（6）：30-42.

[2] 陈昆亭，周炎，龚六堂. 信贷周期：中国经济1991—2010 [J]. 国际金融研究，2011（12）：20-28.

[3] 成洁. 资本监管约束下银行资本与风险调整 [J]. 统计研究，2014（2）：68-74.

[4] 方军雄. 民营上市公司，真的面临银行贷款歧视吗 [J]. 管理世界，2010（11）：123-131.

[5] 方意，赵胜民，谢晓闻. 货币政策的银行风险承担分析——兼论货币政策与宏观审慎政策协调问题 [J]. 管理世界，2012（11）：9-19.

[6] 冯科，刘静平，何理. 中国商业银行顺周期行为及逆周期资本监管研究——基于宏观审慎的视角 [J]. 经济与管理研究，2012（10）：91-96.

[7] 苟琴，黄益平，刘晓光. 银行信贷配置真的存在所有制歧视吗？[J]. 管理世界，2014（1）：16-26.

[8] 郭牧炫，廖慧. 民营企业参股银行的动机与效果研究——以上市民营企业为例 [J]. 经济评论，2013（2）：85-92.

[9] 何靖，杨胜刚. 资本监管、股权结构与银行核心资本调整——基于我国152家商业银行的面板数据分析 [J]. 经济学家，2014（12）：79-91.

[10] 何青，向磊. 宏观经济环境对企业融资行为影响研究——一个

理论框架和实证证据 [J]. 南大商学评论, 2014 (1): 62 - 86.

[11] 黄少安, 张岗. 中国上市公司股权融资偏好分析 [J]. 经济研究, 2001 (11): 12 - 20.

[12] 黄宪, 熊启跃. 银行资本缓冲、信贷行为与宏观经济波动——来自中国银行业的经验证据 [J]. 国际金融研究, 2013 (1): 52 - 65.

[13] 江龙, 宋常, 刘笑松. 经济周期波动与上市公司资本结构调整方式研究 [J]. 会计研究, 2013 (7): 28 - 34, 96.

[14] 江伟, 李斌. 金融发展与企业债务融资 [J]. 中国会计评论, 2006 (2): 255 - 276.

[15] 姜付秀, 屈耀辉, 陆正飞, 李焰. 产品市场竞争与资本结构动态调整 [J]. 经济研究, 2008 (4): 99 - 110.

[16] 蒋海, 罗贵君, 朱滔. 中国上市银行资本缓冲的逆周期性研究: 1998—2011 [J]. 金融研究, 2012 (9): 34 - 47.

[17] 金雯雯, 杜亚斌. 我国信贷是持续顺周期的吗——基于期限结构视角的时变参数研究 [J]. 当代经济科学, 2013, 35 (5): 12 - 19.

[18] 李维安, 王倩. 监管约束下我国商业银行资本增长与融资行为 [J]. 金融研究, 2012 (7): 15 - 30.

[19] 李文泓, 罗猛. 关于我国商业银行资本充足率顺周期性的实证研究 [J]. 金融研究, 2010 (2): 147 - 157.

[20] 李悦, 熊德华, 张峥, 刘力. 中国上市公司如何选择融资渠道——基于问卷调查的研究 [J]. 金融研究, 2008 (8): 86 - 104.

[21] 梁琪, 党宇峰. 我国银行业资本缓冲的周期性及其经济效应研究——基于银行信贷供给机制的视角 [J]. 财贸经济, 2013 (5): 36 - 46.

[22] 刘占娟. 政治关联、银行联系对银行借款的影响研究 [D]. 大连: 东北财经大学, 2013.

[23] 卢峰, 姚洋. 金融压抑下的法治、金融发展和经济增长 [J]. 中国社会科学, 2004 (1): 42 - 55.

[24] 陆正飞, 祝继高, 樊铮. 银根紧缩、信贷歧视与民营上市公司

投资者利益损失［J］. 金融研究，2009（8）：124－136.

［25］陆正飞，高强. 中国上市公司融资行为研究——基于问卷调查的分析［J］. 会计研究，2003（10）：16－24，65.

［26］陆正飞，辛宇. 上市公司资本结构主要因素之实证研究［J］. 会计研究，1998（8）：34－37.

［27］罗党论，甄丽明. 民营控制、政治关系与企业融资约束——基于中国民营上市公司的经验证据［J］. 金融研究，2008（12）：164－178.

［28］马草原，王岳龙. 公众"规模偏好"与银行市场约束异化［J］. 财贸经济，2010（2）：5－11.

［29］闵亮，沈悦. 宏观冲击下的资本结构动态调整——基于融资约束的差异性分析［J］. 中国工业经济，2011（5）：109－118.

［30］牛晓健，裘翔. 利率与银行风险承担——基于中国上市银行的实证研究［J］. 金融研究，2013（4）：15－28.

［31］潘敏，张依茹. 股权结构会影响商业银行信贷行为的周期性特征吗——来自中国银行业的经验证据［J］. 金融研究，2013（4）：29－42.

［32］沈艺峰，肖珉，林涛. 投资者保护与上市公司资本结构［J］. 经济研究，2009（7）：131－142.

［33］苏冬蔚，曾海舰. 宏观经济因素、企业家信心与公司融资选择［J］. 金融研究，2011（4）：129－142.

［34］苏坤，金帆. 制度环境、产权性质与资本结构［J］. 证券市场导报，2012（8）：36－43.

［35］孙铮，李增泉，王景斌. 所有权性质、会计信息与债务契约——来自我国上市公司的经验证据［J］. 管理世界，2006（10）：100－107.

［36］孙铮，刘凤委，李增泉. 市场化程度、政府干预与企业债务期限结构——来自我国上市公司的经验证据［J］. 经济研究，2005（5）：52－63.

［37］索彦峰，陈继明. 资产规模、资本状况与商业银行资产组合行为——基于中国银行业面板数据的实证分析［J］. 金融研究，2008（6）：21－36.

[38] 唐建新，卢剑龙，余明桂．银行关系、政治联系与民营企业贷款——来自中国民营上市公司的经验证据 [J]. 经济评论，2011 (3)：51 –58.

[39] 吴俊，张宗益，徐磊．资本充足率监管下的银行资本与风险行为——《商业银行资本充足率管理办法》实施后的实证分析 [J]. 财经论丛，2008 (2)：36 –42.

[40] 肖作平．制度因素对资本结构选择的影响分析——来自中国上市公司的经验证据 [J]. 证券市场导报，2009 (12)：40 –47.

[41] 谢德仁，陈运森．金融生态环境、产权性质与负债的治理效应 [J]. 经济研究，2009 (5)：118 –129.

[42] 辛兵海，廉永辉，陶江．我国农村借贷市场借贷双方议价能力测度——基于双边随机边界模型的分析 [J]. 农业技术经济，2014 (6)：64 –73.

[43] 许友传．资本约束下的银行资本调整与风险行为 [J]. 经济评论，2011 (1)：79 –86.

[44] 于蔚，金祥荣，钱彦敏．宏观冲击、融资约束与公司资本结构动态调整 [J]. 世界经济，2012 (3)：24 –47.

[45] 于震，张超磊，朱祚樟．信贷周期与经济周期关联性研究：中日比较及其启示 [J]. 世界经济研究，2014 (12)：35 –40.

[46] 余明桂，潘红波．政治关系、制度环境与民营企业银行贷款 [J]. 管理世界，2008 (8)：9 –21.

[47] 余明桂，夏新平，邹振松．控股股东与盈余管理——来自中国上市公司的经验证据 [J]. 中大管理研究，2006，1 (1)：79 –97.

[48] 战明华，王晓君，应诚炜．利率控制、银行信贷配给行为变异与上市公司的融资约束 [J]. 经济学：季刊，2013，12 (3)：1255 –1276.

[49] 张琳，廉永辉．银行规模和风险承担——基于中国银行业数据的实证研究 [J]. 金融学季刊，2015 (1)：24 –50.

[50] 张雪兰，何德旭．货币政策立场与银行风险承担——基于中国

银行业的实证研究（2000—2010）［J］. 经济研究，2012（5）：31－44.

［51］张宗新，徐冰玉. 监管政策能否抑制商业银行亲周期行为——基于中国上市银行面板数据的经验证据［J］. 财贸经济，2011（2）：36－43.

［52］张宗益，吴恒宇，吴俊. 商业银行价格竞争与风险行为关系——基于贷款利率市场化的经验研究［J］. 金融研究，2012（7）：1－14.

［53］朱云，吴文锋，吴冲锋等. 融资受限、大股东“圈钱”与再发行募集资金滥用［J］. 管理科学学报，2009，12（5）：100－109.

［54］Admati A，Hellwig M. The Bankers' New Clothes：What's Wrong with Banking and What to Do about It［M］. Princeton：Princeton University Press，2013.

［55］Admati A. R. The Compelling Case for Stronger and More Effective Leverage Regulation in Banking［J］. Journal of Legal Studies，2014，43（3）：s35－s61.

［56］Aggarwal R，Zong S. The cash flow-investment relationship：International evidence of limited access to external finance［J］. Journal of Multinational Financial Management，2006，16（1）：89－104.

［57］Almeida H，Campello M，Weisbach M S. The Cash Flow Sensitivity of Cash［J］. Journal of Finance，2004，59（4）：1777－1804.

［58］Alti A. How Persistent in the Impact of Market Timing on Capital Structure［J］. Journal of Finance，2006，61（4）：1681－1710.

［59］Alti A. How Sensitive Is Investment to Cash Flow When Financing Is Frictionless［J］. Journal of Finance，2003，58（2）：707－722.

［60］Antoniou A，Guney Y，Paudyal K. Determinants of corporate capital structure：Evidence from European Countries［R］. Working paper，University of Durham，2002.

［61］Athey M J，Laumas P S. Internal funds and corporate investment in India［J］. Journal of Development Economics，1994，45（2）：287－303.

［62］Ayuso J，Perez D，Saurina J. Are Capital Buffers Pro-cyclical? Evidence from Spanish Panel Data [J]. Journal of Financial Intermediation, 2004, 13 (2): 249 -297.

[63] Banerjee S, Heshmati A, Wihlborg C. The dynamics of capital structure [J]. Research in Banking and Finance, 2004 (4): 275 -297.

[64] Benston G. J. What's Special About Banks [J]. Financial Review, 2004, 39 (1): 13 -33.

[65] Berger A. The Relationship between Capital and Earnings in Banking [J]. Journal of Money, Credit and Banking, 1995, 27 (2): 432 -56.

[66] Berger P, Ofek E. Bustup Takeover of Value - Destroying Diversified Firms [J]. The Journal of Finance , 1996, 51 (4): 1175 -1200.

[67] Bernanke B S, Blinder A S. Credit, money, and aggregate demand [J]. American Economic Review, 1988, 78 (2): 435 -439.

[68] Bernanke B, Gertler M. Agency Costs, Net Worth, and Business Fluctuations [J]. American Economic Review, 1989, 79 (1): 14 -31.

[69] Berrospide J, Edge R. The Effects of Bank Capital on Lending: What Do We Know, and What Does It Mean [J]. International Journal of Central Banking, 2010 (6): 5 -54.

[70] Bertay A C, Demirgückunt A, Huizinga H P. Do we need big banks? Evidence on performance, strategy and market discipline [J]. Journal of Financial Intermediation, 2013.

[71] Bhattacharya S. Imperfect Information, dividend policy, and "the bird in the hand" fallacy [J]. Bell Journal of Economics, 1979, 10 (10): 259 -270.

[72] Bikker J A, Hu Haixia. Cyclical patterns in profits, provisioning and lending of banks and procyclicality of the new Basel capital requirements [J]. Research, 2001 (221): 143 -175.

[73] Blum J M. Why 'Basel Ⅱ' may need a leverage ratio restriction [J]. Journal of Banking and Finance, 2008, 32 (8): 1699 -1707.

[74] Blundell R W, Bond S R. Initial Conditions and Moment Conditions in Dynamic Panel Data Model [J]. Journal of Econometrics, 1998, 87 (1): 115 - 143.

[75] Bolton P, Freixas X. Corporate Finance and the Monetary Transmission Mechanis [J]. The Review of Financial Studies, 2006, 19 (3): 829 - 870.

[76] Bolton P, Scharfstein D. A Theory of Predation Based on Agency Problems in Financial Contracting [J]. American Economic Review, 1990, 80 (1): 93 - 106.

[77] Bond S, Meghir C. Financial constraints and company investment [J]. Fiscal Studies, 1994, 15 (2): 1 - 18.

[78] Bordeleau E, Graham C. The Impact of Liquidity on Bank Profitability [R]. Bank of Canada Working Papers No. 38, 2010.

[79] Borio C E V, Lowe P W. Securing Sustainable Price Stability: Should Credit Come Back from the Wilderness [J]. SSRN Electronic Journal, 2004, 68 (157): 1 - 18.

[80] Bradley M, Jarrell G, Kim E. H. On the Existence of an Optimal Capital Structure: Theory and Evidence [J]. Journal of Finance, 1984 (39): 857 - 878.

[81] Brander J, Lewis T. Oligopoly and financial structure: The limited liability financial contracting [J]. American Economic Review, 1990 (80): 93 - 106.

[82] Brewer E, Kaufman G, Wall L. Bank Capital Ratios across Countries: Why Do They Vary [J]. Journal of Financial Services Research, 2008, 34 (2 - 3): 177 - 201.

[83] Byoun S. Capital structure adjustments in the presence of adjustment costs [R]. The 2005 Midwest Finance Association Annual Meetings, 2005.

[84] Catarineu - Rabell E, Jackson P, Tsomocos D P. Procyclicality and the New Basel Accord - Banks' Choice of Loan Rating System [J]. Economic

Theory, 2005, 26 (3): 537 -557.

[85] Chaplinsky S, Niehaus G. Do inside ownership and leverage share common determinants [J]. Quarterly Journal of Business and Economics, 1993, 32 (4): 51 -65.

[86] Cheng S. R, Shiu C. Y. Investor Protection and Capital Structure: International Evidence [J] . Journal of Multinational Financial Management, 2007 (17): 30 -44.

[87] Christoffer K, Schepens G. Bank Reactions after Capital Shortfalls [R]. National Bank of Belgium Working Paper No. 250, 2013.

[88] Cleary S. The Relationship between Firm Investment and Financial Status [J]. Journal of Finance, 1999, 54 (2): 673 -692.

[89] Coffinet J, Coudert V, Pop A, Pouvelle C. Two-way Interplays between Capital Buffers, Credit and Output: Evidence from French Banks [R]. Banque de France Working papers, No. 316, 2011.

[90] Comment R, Jarrell G A. Corporate focus and stock returns [J]. Journal of Financial Economics, 1991, 37 (1): 67 -87.

[91] Cook D. O, Tang T. Macroeconomic conditions and capital structure adjustment speed [R]. SSRN Working Paper 1101664, 2008.

[92] De Jonghe O, Oztekin O. Bank Capital Management: International Evidence [J]. Journal of Financial Intermediation, 2015 (24): 154 -177.

[93] DeAngelo H, Stulz R. M. Liquid - Claim Production, Risk Management, and Bank Capital Structure: Why High Leverage is Optimal for Banks [R]. Charles A. Dice Center Working Paper, 2013.

[94] DeAngelo H, Masulis R. W. Optimal capital structure under corporate and personal taxation [J]. Journal of Financial Economics, 1980, 8 (1): 3 -29.

[95] DeAngelo H, DeAngelo L, Whited T. M. Capital structure dynamics and transitory debt [R]. SSRN Working Paper, 2010.

[96] Demirguc – Kunt A, Detragiache E, Merrouche O. Bank Capital: Lessons from the Financial Crisis [J]. Journal of Money, Credit and Banking, 2013 (45): 1147 – 1164.

[97] Demirguc-kunt A, Maksimovic, V. Institutions, financial markets, and firm debt maturity [J]. Journal of Financial Economics, 1999, 54 (3): 295 – 336.

[98] Desai R M, Olofsgard A. The political advantage of soft budget constraints [J]. SSRN Electronic Journal, 2003, 22 (2): 370 – 387.

[99] Devereux M, Schiantarelli F. Investment, Financial Factors and Cash Flow: Evidence from UK Panel Data [J]. NBER working paper, 1990.

[100] Dietrich J K, James C. Regulation and the Determination of Bank Capital Changes: A Note [J]. Journal of Finance, 1983, 38 (5): 1651 – 1658.

[101] Drobetz W, Wanzenried G. What determines the speed of adjustment to the target capital structure [J]. Applied Financial Economics, 2006, 16 (13): 941 – 958.

[102] Durand D. Costs of Debt and Equity Funds for Business: Trends and Problems of Measurement [J]. Conference on Research in Business Finance, NBER, 1952: 215 – 262.

[103] Elliott D. A Primer on Bank Capital [R]. The Brookings Institution, 2010.

[104] Erel I, Julio B, Kim W, Weisbach M. Macroeconomic Conditions and Capital Raising [R]. SIFR Research Report Series, Institute for Financial Research, 2011.

[105] Faulkender M. W, Flannery M. J, Hankins K. W, Smith J. M. Do adjustment costs impeding realization of target capital structure [R]. AFA 2008 New Orleans Meetings Paper, Available at SSRN Working Paper 972148, 2007.

[106] Fazzari S, Hubbard R G, Petersen B. Investment, Financing De-

cisions, and Tax Policy [J]. American Economic Review, 1988, 78 (2): 200-205.

[107] Ferri M. G, Jones W. H. Determinants of Financial Structure: A New Methodological Approach [J]. The Journal of Finance, 1979, 34 (3): 631-644.

[108] Fischer E, Heinkel R, Zechner J. Dynamic capital structure choice: theory and tests [J]. Journal of Finance, 1989, 44 (1): 19-40.

[109] Flannery M J, Rangan K. P. Partial adjustment toward target capital structures [J]. Journal of Financial Economics, 2006, 79 (3): 469-506.

[110] Fonseca A R, Gonzάlez F. How Bank Capital Vary Across Countries: The Influence of Cost of Deposits, Market Power and Bank Regulation [J]. Journal of Banking and Finance, 2010, 34 (4): 892-902.

[111] Francis W, Osborne M. On the Behavior and Determinants of Risk-based Capital Requirements: Revisiting the Evidence from UK Banking Institutions [J]. International Review of Finance, 2010 (10): 485-518.

[112] Frank M. Z, Goyal V. K. The effect of market conditions on capital structure adjustment [J]. Finance Research Letters, 2004, 1 (1): 47-55.

[113] Friend I, Lang H. P. An empirical test of the impact of managerial self-interest on corporate capital structure [J]. Journal of Finance, 1988 (43): 271-281.

[114] Furfine C. Bank Portfolio Allocation: the Impact of Capital Requirements, Regulatory Monitoring and Economic Conditions [J]. Journal of Financial Services Research, 2001 (20): 33-56.

[115] Gambacorta L, Mistrulli P E. Does bank capital affect lending behavior [J]. Journal of Financial Intermediation, 2004, 13 (4): 436-457.

[116] Ge Y, Qiu J. Financial development, bank discrimination and trade credit [J]. Journal of Banking & Finance, 2007, 31 (2): 513-530.

[117] Gertler M, Gilchrist S. Monetary policy, business cycles and the be-

havior of small manufacturing firms [J]. Finance & Economics Discussion, 1993, 109 (2): 309 -340.

[118] Gertler M. Financial Capacity and Output Fluctuations in an Economy with Multiperiod Financial Relationships [J]. Review of Economic Studies, 1992, 59 (3): 455 -72.

[119] Giannetti M. Do better institutions mitigate agency problems? evidence from corporate finance choices [J]. Journal of Financial and Quantitative Analysis, 2003, 38 (1): 185 -212.

[120] Graham M, Harvey C. The Theory and Practice of Corporate Finance: Evidence from the Field [J]. Journal of Financial Economics, 2001 (60): 187 -243.

[121] Graham J. R. Debt and the marginal tax rate [J]. Journal of Financial Economics, 1996, 41 (1): 41 -73.

[122] Greenlaw D, Hatzius J, Kashyap A K, et al. Leveraged Losses: Lessons from the Mortgage Market Meltdown [J]. Us Monetary Policy Forum Report, 2008.

[123] Gropp R, Heider F. The Determinants of Bank Capital Structure [J]. Review of Finance, 2010, 14 (4): 587 -622.

[124] Hackbarth D, Miao J, Morellec E. Capital structure, credit risk, and macroeconomic conditions [J]. Journal of Financial Economics, 2006, 82 (3): 519 -550.

[125] Hancock D, Laing A, Wilcox J. Bank Capital Shocks - Dynamic Effects on Securities, Loans, and Capital [J]. Journal of Banking and Finance, 1995 (19): 661 -677.

[126] Harris M, Raviv A. Corporate control contests and capital structure [J]. Journal of Financial Economics, 1988 (20): 55 -86.

[127] Heshmati A. The dynamics of capital structure: evidence from Swedish micro and small firms [J]. Research in Banking and Finance, 2001

(2): 199 -241.

[128] Heuvel V D, Skander J. Banking Conditions and the Effects of Monetary Policy: Evidence from U. S. States [J]. B E Journal of Macroeconomics, 2012, 12 (2): 1 -31.

[129] Hovakimian A, Opler T, Titman S. The Debt-equity Choice [J]. Journal of Financial and Quantitative Analysis, 2001 (36): 1 -24.

[130] Ito T, Sasaki Y. Impacts of the Basle Capital Standard on Japanese Banks [J], Journal of the Japanese and International Economies, 2002 (16): 372 -397.

[131] Jacques K, Nigro P. Risk-based capital, portfolio risk, and bank capital: A simultaneous equations approach [J]. Journal of Economics & Business, 1997, 49 (6): 533 -547.

[132] Jalilvand A, Harris R. S. Corporate behavior in adjusting to capital structure and dividend targets: an econometric study [J]. Journal of Finance, 1984, 39 (1): 127 -145.

[133] Jayaratne J, Strahan P E. Entry Restrictions, Industry Evolution, and Dynamic Efficiency: Evidence from Commercial Banking [J]. SSRN Electronic Journal, 1997, 41 (1): 239 -273.

[134] Jensen M, Meckling W. H. Theory of the Firm: Managerial Behavior, Agency Costs and Ownership Structure [J]. Journal of Financial Economics, 1976, 3 (4): 305 -360.

[135] Jensen M. C. Agency cost of free cash flow, corporate finance and takeovers [J]. American Economic Review, 1986, 76 (1): 323 -329.

[136] Jokipii T, Milne A. Bank capital buffer and risk adjustment decisions [J]. Journal of Financial Stability, 2011, 7 (3): 165 -178.

[137] Kaplan S N, Zingales L. Investment - Cash Flow Sensitivities Are Not Valid Measures of Financing Constraints [J]. Quarterly Journal of Economics, 2000, 115 (2): 707 -712.

[138] Kareken J H, Wallace N. Deposit Insurance and Bank Regulation: A Partial – Equilibrium Exposition [J]. Journal of Business, 1978, 51 (3): 413 –38.

[139] Karmakar S, Mok J. Bank capital and lending: An analysis of commercial banks in the United States [J]. Mpra Paper, 2015, 14 (35): 21 –24.

[140] Kashyap A, Stein J C. Monetary Policy and Bank Lending. Monetary [J]. General Information, 1994, 34 (3): 741 –748.

[141] Keeley M C, Furlong F T. A reexamination of mean-variance analysis of bank capital regulation [J]. Journal of Banking and Finance, 1990, 14 (1): 69 –84.

[142] Kester C W. Capital Structure Ownership Structure: A comparison of United States and Japanese Manufacturing Corporations [J]. Financial Management, 1986, 15 (1): 5 –16.

[143] Kim W, Sorensen E. Evidence on the impact of the agency costs of debt in corporate debt policy [J], Journal of Financial and Quantitative Analysis, 1986 (21): 131 –144.

[144] Kishan R P, Opiela T P. Bank Size, Bank Capital, and the Bank Lending Channel [J]. Journal of Money Credit and Banking, 2000, 32 (1): 121 –41.

[145] Klein M A. A Theory of the Banking Firm [J]. Journal of Money Credit and Banking, 2015, 3 (2): 205 –218.

[146] Koehn M, Santomero A M. Regulation of bank capital and portfolio risk [J]. Journal of Finance, 1980, 35 (5): 1235 –1244.

[147] Korajczyk R A, Levy A. Capital structure choice: macroeconomic conditions and financial constraints [J]. Journal of Financial Economics, 2003, 68 (1): 75 –109.

[148] Kroszner R. A Review of Bank Funding Cost Differentials [R]. Chicago Booth School, Business Faculty Working Paper, 2013.

[149] L Brandt, H Li. Bank discrimination in transition economies: ideology, information, or incentives [J]. Journal of Comparative Economics, 2010, 31 (3): 387 -413.

[150] La Porta R, Lopez-de - Silanes F, Shleifer A, Vishny R. Investor protection and corporate governance [J]. Journal of Financial Economics, 2000, 58 (1): 3 -27.

[151] Lamont O, Polk C, Saarequejo J. Financial Constraints and Stock Returns [J]. Review of Financial Studies, 2001, 14 (2): 529 -554.

[152] Leary M T, Roberts M R. Do Firms Rebalance Their Capital Structures [J]. SSRN Electronic Journal, 2004, 60 (6): 2575 -2619.

[153] Levy A, Hennessy C. Why does capital structure choice vary with macroeconomic conditions [J]. Journal of Monetary Economics, 2007, 54 (6): 1545 -1564.

[154] Levy - Yeyati E L, Micco A. Concentration and Foreign Penetration in Latin American Banking Sectors: Impact on Competition and Risk [J]. SSRN Electronic Journal, 2003, 31 (6): 1633 -1647.

[155] Li B D, Li S. a Theory of Corporate Scope and Financial Structure [J]. Journal of Finance, 1996, 51 (2): 691 -709.

[156] Lindquist K G. Banks' buffer capital: how important is risk [J]. Journal of International Money and Finance, 2004, 23 (3): 493 -513.

[157] Long M, Maltiz I. The investment-financing nexus: Some empirical evidence [J]. Midland Corporate Finance Journal, 1985 (3): 53 -59.

[158] Marsh P. The choice between equity and debt: An empirical study [J]. Journal of Finance, 1982 (37): 121 -144.

[159] Martin L. J, Henderson G. V. Industry influence on financial structure: A matter of interpretation [J]. Review of Business and Economic Research, 1984, 19 (2), 57.

[160] Maurin L, Toivanen M. Risk, Capital Buffer, and Bank Lending:

a Granular Approach to the Adjustment of Euro Area Banks [R]. ECB Working Paper No. 1499, 2012.

[161] Memmel C, Raupach P. How Do Banks Adjust Their Capital Ratios [J]. Journal of Financial Intermediation, 2010 (19): 509 - 528.

[162] Miller M. H. Do the M & M propositions apply to banks? [J]. Journal of Banking and Finance, 1995 (19): 483 - 489.

[163] Mingo J J. regulatory influence on bank capital investment [J]. Journal of Finance, 1975, 30 (4): 1111 - 1121.

[164] Mishkin F. The Economics of Money, Banking and Financial Markets [M]. New York: Addison Wesley Press, 2000.

[165] Modigliani F, Miller M. Corporate income taxes and the cost of capital: a correction [J]. American Economic Review, 1963, 53 (3): 433 - 443.

[166] Modigliani F, Miller M. The Cost of Capital, Corporation Finance and the Theory of Investment [J]. American Economic Review, 1958, 48 (3): 261 - 297.

[167] Morris S, Shin, H. Illiquidity Component of Credit Risk [R]. Princeton University Working Papers, 2010.

[168] Myers C, Majluf N. S. Corporate financing and investment decisions when firms have information that investors do not have [J]. Journal of Financial Economics, 1984, 13 (2): 187 - 221.

[169] Myers S C. Finance Theory and Financial Strategy [J]. Interfaces, 1984, 14 (1): 126 - 137.

[170] Myerson R. B. Rethinking the Principles of Bank Regulation [J]. Journal of Economic Literature, 2014, 52 (1): 197 - 210.

[171] Nag A, Das A. Growth and Response to Capital Requirements [J]. Economic and Political Weekly, 2002 (42): 3361 - 3368.

[172] Nier E, Baumann U. Market discipline, disclosure and moral hazard in banking [J]. Journal of Financial Intermediation, 2006, 15 (3): 332 - 361.

[173] Octavia M, Brown R. Determinants of Bank Capital Structure in Developing Countries: Regulatory Capital Requirement versus the Standard Determinants of Capital Structure [J]. Journal of Emerging Markets, 2010.

[174] Ozkan A. Determinants of capital structure and adjustment to long run target: evidence from UK company panel [J]. Journal of Business Finance and Accounting, 2001, 28 (1-2): 175-198.

[175] Oztekin O, Flannery M J. Institutional determinants of capital structure adjustment speeds [J]. Journal of Financial Economics, 2012, 103 (1): 88-112.

[176] Pittman J, Klassen K. The influence of firm maturation on firms rate of adjustment to their optimal capital structures [J]. Journal of the American Taxation Association, 2001, 23 (2): 70-94.

[177] Porta R L, Zamarripa G. Related Lending [J]. NBER Working Papers, 2002, 118 (1): 231-268.

[178] Rajan R, Zingales L. What do we know about capital structure: some evidence from international data [J]. Journal of Finance, 1995, 50 (5): 1421-1460.

[179] Roberts M. R. The dynamics of capital structure: an empirical analysis of a partially observable system [R]. SSRN Working Paper 305885, 2002.

[180] Ross S A. The Determination of Financial Structure: The Incentive-Signalling Approach [J]. Bell Journal of Economics, 1977, 8 (1): 23-40.

[181] Roy P V. Capital Requirements and Bank Behaviour in the Early 1990: Cross-Country Evidence [J]. International Journal of Central Banking, 2008, 4 (3): 29-60.

[182] Schandlbauer A. Deviations from the Target Capital Structure of Financial Institutions [J]. SSRN Electronic Journal, 2014 (1).

[183] Schwartz E, Aronson, J. R. Some Surrogate Evidence in Support of the Concept of Optimal Financial Structure [J]. Journal of Finance, 1967, 22

(1): 10 - 18.

[184] Scott D. F, Martin J. D. Industry Influence on Financial Structure Financial Management [J]. Financial Management, 1975, 4 (1): 67 - 73.

[185] Scott J H. A Theory of Optimal Capital Structure [J]. The Bell Journal of Economics, 1972: 33 - 54.

[186] Shleifer A, Vishny R W. The Politics of Market Socialism [J]. Journal of Economic Perspectives, 1994, 8 (2): 165 - 176.

[187] Shleifer A, Wolfenzon D. Investor protection and equity markets [J]. Journal of Financial Economics, 2002, 66 (1): 3 - 27.

[188] Shrieves R E, Dahl D. Regulation, recession, and bank lending behavior: The 1990 credit crunch [J]. Journal of Financial Services Research, 1995, 9 (1): 5 - 30.

[189] Stolz S, Wedow M. Banks' regulatory capital buffer and the business cycle: Evidence for Germany [J]. Journal of Financial Stability, 2011, 7 (2): 98 - 110.

[190] Titman S, Wessels R. The Determinants of Capital Structure Choice [J]. Journal of Finance, 1988, 43 (1): 1 - 19.

[191] Valencia F. Aggregate Uncertainty and the Supply of Credit [R]. IMF Working Papers, No. 13/241, 2013.

[192] Van den Heuvel S. The Welfare Cost of Bank Capital Requirements [J]. Journal of Monetary Economics, 2008 (55): 298 - 320.

[193] Vasiliou D, Daskalakis N. Institutional Characteristics and Capital Structure: A CrossNational Comparison [J]. Global Finance Journal, 2009, 19 (3): 286 - 306.

[194] Vogt S C. The role of internal financial sources in firm financing and investment decisions [J]. Review of Financial Economics, 1994, 4 (1): 1 - 24.

[195] Wald J K. How firm characteristics affect capital structure: an inter-

national comparison [J]. The Journal of Financial Research, 1999, 22 (1): 161 - 187.

[196] Whited T M, Wu G. Financial Constraints Risk [J]. The Review of Financial Studies, 2005, 19 (2): 531 - 559.

[197] Windmeijer F. A finite sample correction for the variance of linear efficient two-step GMM estimators [J]. Journal of Econometrics, 2005, 126 (1): 25 - 51.

[198] Wippern R. F. Financial Structure and the Value of the Firm [J]. The Journal of Finance, 1966, 21 (4): 615 - 633.

[199] Wong, Jim, Ka - Fai Choi, Tom Pak - Wing Fong. Determinants of the capital level of banks in Hong Kong [M]. London: Palgrave Macmillan, 2008.

[200] Yan A. Value of Conglomerates and Capital Market Conditions [J]. Financial Management, 2006, 35 (4): 5 - 30.